インクルーシブ授業をつくる

―― すべての子どもが豊かに学ぶ授業の方法 ――

インクルーシブ授業研究会 [編]

ミネルヴァ書房

はじめに

　インクルーシブ授業をつくる，それは発達障害など，より丁寧な支援を必要としている子どもの目線から，発達や授業の見方を豊かにすることだと考えます。戦後もすでに70年になりますが，授業づくりについては多くの成果が蓄積されてきました。この成果を踏まえながら，格差・貧困など，生活基盤の揺らぎと多様な価値観に取り巻かれている現在を生きている子どもたちの発達の課題に寄り添い，新しい発想でこれからの授業づくりの行方を展望することが求められています。しかし，目指すべきモデルがあって，それに突き進むのがインクルーシブ授業ではありません。「○○の方法を使えば問題行動が改善する」といった単純な考え方では，長期的な視野が必要な子どもの自立の課題に応えることはできないからです。

　本書には，多様な背景をもって教室に出席している子どもの声を聞きながら，子どもたちがつながるカリキュラム開発・教材づくり・授業展開・学級づくりの枠組みと方法が示されています。この枠組みと方法を確かなものにするためには，校内の先生方や支援学校の先生方との連携など，ダイナミックな共同によって私たち自身が主体として学び続けることが必要です。そこにインクルーシブ授業の基本があると考えます。特定の授業モデルに従うのではなく，「すべての子どもの参加に開かれた学びの場」をつくるために私たちが共同し，主体として授業づくりに挑むとき，子どもたちもそれに応えて主体として成長するのではないでしょうか。

　言語活動の充実・学力向上やリテラシー形成・アクティブラーニングなどの課題が次々と指摘されている今日の教育についてインクルーシブ授業はどう向きあうのか，本書はこうした現代の教育の課題を視野に入れた授業づくりのあり方を提起しています。インクルーシブ教育を，特別なニーズのある子どもの指導だと狭く捉えるのではなく，日々の教育実践を振り返り，行方を展望するための契機だと考えておられる方々の参考になることを切に願うものです。

　本書の刊行にあたって，ミネルヴァ書房の浅井久仁人氏には企画・構成など全般にわたってご助言をいただきました。厚くお礼申し上げます。

　　［付記］本書は，科学研究費補助金「基盤研究(B)インクルーシブ授業方法の国際比較研究・2013-2015年度・研究代表・湯浅恭正)」による研究成果の一部である。

　　　　　　　　　　　　　　　　　　　　執筆者を代表して　湯浅恭正

インクルーシブ授業をつくる　目　次

は じ め に

第Ⅰ部　学習観の転換と授業改革の方向

第1章　インクルーシブ授業の理論で問われるもの……………………3
　1　つくりだす過程としてのインクルーシブ授業……………………3
　2　学びに値する集団をつくる……………………………………4
　3　学びのカリキュラムを意識する…………………………………7
　4　インクルーシブ授業をつくる展望………………………………9

第2章　インクルーシブ教育実践の基本的な考え方と方法……………15
　1　日本の特別支援教育改革の成果と課題…………………………15
　2　「学校改善（school development）」の重要性………………………16
　3　チーム・ティーチングによる学習支援と学級づくりの重要性……17
　4　効果的な教授方法を用いてすべての子どもの学習を保障する……19
　5　まとめ――インクルーシブ教育実践に必要なこと………………21

第3章　学校全体の指導構造の問い直しとこれからの学校づくり………25
　　　　――ホール・スクール・アプローチの発展的継承をめざして
　1　通常学級でさまざまな困難を経験している子どもたちの存在……25
　2　学習主体としての子どもの発達理解……………………………26
　3　校内リソースでの学びをどう位置づけるか………………………31
　4　多様な価値観を共有するこれからの学校のあり方………………33

第Ⅱ部　授業づくりに求められる視点

第4章　インクルーシブ授業とカリキュラム論……………………39
　1　はじめに………………………………………………………39
　2　サラマンカ声明において求められる「カリキュラムの柔軟さ」……39
　3　「通常学級における特別支援教育」のこれまでの実践………………41

4　日本が向かおうとしているインクルーシブ教育への懸念 …………………… 42
　　　5　インクルーシブ教育を支えるカリキュラム論とは ………………………… 45
　　　6　お わ り に ……………………………………………………… 47

第5章　すべての子どもが「わかる」授業づくりの方法論 ……………… 48
　　　1　授業の「わかりやすさ」と多様な参加 ……………………………………… 48
　　　2　授業における「わからない」子どもの参加──「わからない」発言の課題 ……… 51
　　　3　「わからなさ」を意識化した学習集団──学習集団内の関係性の組み替え ……… 54
　　　4　残された課題 …………………………………………………… 57

第6章　参加と共同を軸にした授業づくりの方法論 ………………………… 60
　　　1　授業における参加と共同を問うことの意義 ……………………………… 60
　　　2　参加と共同を軸にした授業づくり ………………………………………… 64
　　　3　インクルーシブな共同的世界を創造する授業づくり …………………… 68

第7章　「言語活動の充実」とインクルーシブな国語科授業 ……………… 72
　　　　　──小学校5年生のLDの学習者の事例から
　　　1　通常学級における学習者の実態 …………………………………………… 72
　　　2　これからの国語科教育の方向性 …………………………………………… 73
　　　3　「言語活動の充実」の有効な活用に向けて ………………………………… 74
　　　4　「言語活動の充実」とインクルーシブな国語科授業の実際 ……………… 77
　　　5　お わ り に ……………………………………………………… 81

第8章　インクルーシブな国語学力の構想 …………………………………… 83
　　　　　──「読むこと」の授業づくりをめぐって
　　　1　なぜインクルーシブな国語学力なのか …………………………………… 83
　　　2　現在の国語学力論 ……………………………………………………………… 84
　　　3　授業のユニバーサルデザイン研究会の国語学力 ………………………… 85
　　　4　インクルーシブな国語学力とは …………………………………………… 89

第Ⅲ部　インクルーシブ授業を支える学級・学校づくりと教育実践

第9章　インクルーシブ授業を支える学級づくりの思想と方法 ………… 97
　　　1　子どもの社会の現実とインクルーシブな学級への契機 ………………… 97

2　「特別なニーズ」に応答することと個人指導の視点……………………… 100
　　3　インクルーシブな社会を形成することと集団指導の視点……………… 104

第10章　インクルーシブ教育を支える学級集団づくり・授業づくり…… 109
　　1　はじめに……………………………………………………………………… 109
　　2　太一君と学級の様子………………………………………………………… 109
　　3　太一君へのかかわり方と学級集団づくりの方針………………………… 111
　　4　楽しい学級集団づくりのなかでできる子どもの居場所，仲間意識，
　　　そしてつながりあう子どもたち…………………………………………… 112
　　5　生活綴方を通して育つ子どもの内面とつながる子どもたち…………… 113
　　6　ていねいなかかわりと彼のことを受けとめてくれる仲間のなかで
　　　変わる太一君………………………………………………………………… 115
　　7　楽しい授業づくり…………………………………………………………… 117
　　8　おわりに……………………………………………………………………… 122

第11章　インクルーシブ授業を実践する教師の力量……………………… 124
　　　　　──「暗黙知」の視点で実践を省察する
　　1　はじめに……………………………………………………………………… 124
　　2　内なる思いに耳を傾ける…………………………………………………… 125
　　3　この出来事の3つの意味…………………………………………………… 128
　　4　関係性のなかで育んでいく………………………………………………… 131
　　5　おわりに……………………………………………………………………… 134

第12章　インクルーシブ授業を支える学校づくり・地域づくり………… 136
　　1　学校づくりの基本…………………………………………………………… 136
　　2　新たな視点で学校づくりを考える………………………………………… 138
　　3　インクルーシブ教育に向けた学校づくり・地域づくりの展望と課題… 143

人名索引／事項索引

第Ⅰ部
学習観の転換と授業改革の方向

なぜ，インクルーシブな授業をつくろうとするのでしょうか。
　それは，これまでの授業づくりや子ども理解の仕方を問い直して，今，子どもたちに必要な学びは何か，それを指導する授業とは何かを探ろうとするからです。これまでの学習観を転換し，授業改革の方向を展望したいと思います。
　第Ⅰ部では，学習する集団やカリキュラムのあり方を問い返しながら，インクルーシブ授業をつくるための枠組みを整理します。そして，これからの授業づくりを展望するための方向を考えます。教科論や生活指導など，授業づくりを支えるための基礎・基本に立ち帰りながら，「インクルーシブ授業」という21世紀の実践課題を展望します。
　インクルーシブ授業は，今日，広く世界のなかで展開されようとしています。英国の事例にもとにして，学校の改善や学級づくりと結びついた学習と授業づくりのこれからを展望します。「おちこぼれ」を出さない文化の創造やカリキュラム全体の見直しを通して，特別な支援論を学校全体の指導の中で理解する意義を押さえます。
　そして，わが国の特別支援教育の実践の成果に学びながら，子ども観や指導観・発達観を問い直す意義を確かめます。さらに，通常の学級や支援学級など，学校での学びの場の持つ意義を考え，さまざまな生活と発達の背景をもつ子どもたちの多様性を最大限に考慮し，主人公として自分の能力を発揮し，人格の形成に果たす学校づくりの方向性を示します。
　第Ⅰ部を貫いているのは，「視野を広げ，全体的な見地から子ども理解や授業づくりを進めよう」というスタンスです。授業づくりに関心を寄せるさまざまな立場の方とともに，「学校教育の中心の場である授業を本格的に問い直し，授業づくりの面白さを共有したい」，そこにインクルーシブ授業をつくろうとする願いがあるのだと思います。

第1章 インクルーシブ授業の理論で問われるもの

1 つくりだす過程としてのインクルーシブ授業

　学校における授業とその基盤である学級の改革は繰り返し議論されてきたテーマです。授業づくりを対象にしてきたのが教育方法学と呼ばれる研究分野ですが，そこでは，学習集団論による授業づくり，学びの共同体論による授業改革論，子どもの個人差・学力差に対応した習熟度別学級の授業論など，多様な視点から議論がなされてきました（久田 2010）。それらはいずれも学級を基盤にした学びのシステムを問い返そうとするものでした。今日では「反転授業」などという言い方で，家庭での個人の学習を学校の授業で確かめ，学び合う形態の授業方法が提唱されたりしています。

　インクルーシブな授業をつくる，それはこうした学びのシステムを改革しようとする一連の動向（肯定的にか否定的にかその評価は別として）に位置づくものです。その際，インクルーシブ授業は，いったい何を重点にして学びのシステムを改革しようとするのでしょうか。

　インクルーシブ授業論は，インクルーシブ教育がそうであるように，めざす方向やモデルが予め設定されているわけではなく，授業をつくり出していく過程に意義があります。学習の困難さに対して特別な支援を受けて授業に取り組もうとしても，簡単にその困難さは解消するわけではありません。特別な支援を受けながら，困難さに対してチャレンジしようとする主体としての意識がどう特別なニーズのある子どもに育てられるかが問われるからです。一口に「困難さを受け入れ，主体を育てる」と述べましたが，その過程にはジグザグし，息の長い取り組みが必要です。こうした息の長い過程をどう支援するのか，それがインクルーシブ授業論の課題だと考えます。

特別なニーズのある子に限らず，どんな子どもも多かれ少なかれ学習に対する困難さを抱えているのであり，学習への特別な支援が通常学級の子どもたちの学習の必要性につながる視点をもちたいものです。この点で，今盛んに提起されているユニバーサルデザインの授業論は，授業の改革に有効な一定の示唆を与えています。しかし，その示唆や有効性を特別なニーズのある子やそうではない子どもがともに合意し，納得する場がどうつくられていくのかが問われます。初等段階の授業と中等段階のそれとでは授業過程の様相は異なっています。特に中等教育にもなれば，教科ごとに，特別支援の量と質は実に多様であり（田部・高橋 2012），個々の支援の方法が簡単にユニバーサルな学習方法に結びつくわけではないからです。

また，一定の示唆と有効性を納得し，合意をしても，さらに学習の困難さとそれに対する支援の方法は次々に必要になるはずです。この状態を理解し，支援が必要な子とともに学ぼうとする学習集団をどうつくるのかも見逃すことはできません。さらに通常学級では「通常」の子どもとは異なる教材や学習場面を設定することも出てきます。こうした教材の設定や学習の場面がどう特別なニーズのある子のなかで納得されていくのか，そしてその納得が学習の場を構成している仲間とのどのような関係のなかでなされていくのかが課題になると考えます。

インクルーシブ授業とは，こうして幾重にも重なる構造をもつ学びの過程をつくることに意義があります。そして，特別なニーズのある子どもを含めて授業に参加する子どもたちが学習の主体者になる場をどうつくるのか，こうした息の長い過程の探究がインクルーシブな授業づくりのテーマです。

なお，この章では，「特別なニーズのある子」と称してきましたが，それと「通常の子」との境界は必ずしも明確ではありません。「通常」の子どももそれぞれに学習の当事者としての事情を抱えているのであり，インクルーシブ授業を探究することは，それぞれに生活や発達の課題を抱える子どもたちが授業を通して共同し，どう学習の主体者になりゆくのかを探る契機になります。以下では，発達障害のある子どもを中心にして，特別なニーズのある子どもと授業づくりの課題を考えてみたいと思います。

2　学びに値する集団をつくる

（1）当事者の目線から「差異と共同論」を問い直す

第1節で述べたことを基本にするとき，インクルーシブ授業をつくるポイントの

一つは，多様性・差異のある子どもたちが共同して学びに値する集団を当事者の目線からつくることにあります。学級に姿を見せている子どもたちのなかで，特別なニーズのある子どもとは，いわゆる発達障害児だけではなく被虐待児，不登校状態にある子などを指しています。それぞれに生活や障害に起因する条件を背景にして制度としての学級とその授業に対する姿を見せています。そこでは特別なニーズのある者という当事者の事情が考慮されるといっても，制度としての授業への参加を求めるストーリーに添う論理が優先されてしまいます。

インクルーシブな授業づくりのテーマは共同論の構築です。しかし，包摂（インクルージョン）という用語から，インクルーシブ授業を「通常学級の学習集団に特別なニーズのある子どもを包み込み，巻き込む授業だ」とする考え方は根強いのではないでしょうか。また特別なニーズといっても，通常の子どもたちと差別するのではなく，通常の子どもの対応の延長線上にインクルーシブ授業を捉えようとする考え方も少なくありません。しかし，たとえば学習障害（LD）の困難さは，これまでの授業づくり一般の論理を応用するだけで対応できるものではありません。このような「巻き込み」型の考え方や特別な支援を授業の一般的な対応に解消する考え方は，いずれも，特別なニーズ教育を求めている当事者の権利論からではなく，通常の学習集団への同化論が軸になっているのです。

他方では，早くから特別なニーズのある子のキャリアを際立たせ，障害などに即した対応をことさら強調し，特別なニーズへの対応の方向を当事者の生活・関係と切り離して議論する傾向があることにも注意しなくてはなりません。

インクルーシブ授業の捉え方の陥りやすい2つの傾向を指摘しましたが，いずれも特別なニーズのある子どもの当事者の目線よりも，学校や教師という指導する側の論理から打ち立てられた差異と共同論だといえます。制度としてあるのが学級と学習集団である以上，指導する側の論理は必要ですが，インクルーシブ授業は，当事者の側が学びに値する学習集団を探す過程に注目するところに意義があります。特別支援学級や通級教室の場を含めた多様な学びの場と通常学級の関係について障害のある子どもが当事者として問いながら，学びの場を模索することに力点を置く。それは，発達障害に関する当事者である子どもと，別の意味で生活と学習の当事者である子どもたちとが，ともに学習する集団・共同のあり方を探ろうとする授業づくりです。

特別支援学級や通級教室だけではなく，差異に応じた学習コースの設定は，インクルーシブな授業づくりの課題です。学びのペースに応じてコースを選択するシステムが生活する子ども集団においてどう議論され，導入されたかが検討されねばな

りません。そこでは当事者の思いが仲間のなかでどのように大切にされ，差異を引き受けながら，自らの困難さに挑もうとする意識をどう育てるのか，生活する子ども集団の質が問われています。こうした取り組みはすで試みられてきています（村瀬・篠崎 2009）。

　通常学級とともに支援学級などとの学習の場がどう連続していくのかがインクルーシブ授業実践の課題だとすれば，それを担保するのは子ども集団が自分たちの学びのあり方を常に意識し，問い返す力です。その力を形成する基盤には日常の学級づくりにおいて，差異を含みつつ自分たちの集団を形成する主体は自分たちなのだという意識を育てる取り組みが不可欠です。それが次の項で述べる社会制作としての学級づくりの意義だと考えます。

（2）子ども社会をつくる

　インクルーシブ授業がインクルーシブ教育論の一翼を担うとすれば，それは授業を通して子ども社会をつくる社会制作としての教育実践をめざすことだといえます。今，子どもたちはかつて「社会的本能」（クループスカヤ）といわれたような，他者と交わり，そのなかで自己を成長させていく力を弱めているように見えます。しかし，それは自己責任の生き方が身体化し，仲間とともに社会を制作していく本来的な要求が引き出されないでいる姿ではないでしょうか。それはまた，「困った子」を教室の中で管理しなくてはならないという同化への志向が強まっている今日の状況において，学校の教育実践が迫られている姿でもあります。

　そうだとすれば，「他者との関係を構築することが苦手な優等生」「決まりを守れずケンカをいつも繰り返す子」「発達障害等の課題のある子」「こうした子どもたちの間で見過ごされている子」等，多層の子どもたちが思いを重ねながら交わりを結び，ともに生きることのできる社会を制作する過程を指導する場としての学級社会の意義を再考し，子ども集団を育てていく指導が問われています。

　では，育てるべき子ども集団の内実とは何でしょうか。そのポイントは，子どもたちが学校・学級のなかに，自分たちの社会・集団をつくることが可能だという体験を積むことです。学級内のクラブや学級・学校の生活を改善しようとする取り組み等の自発的なプロジェクトはこうした体験の重要な場として提起され，実践されてきました（日笠 2006）。それは，学校・学級社会において楽しい自発的な活動を経験することが，将来の社会生活の準備になるという意味ではなく，生活に根ざし，先に挙げた多様な層の子どもたちの交わる場・生活を学校・学級社会につくろうとするからです。インクルーシブ授業の基盤は，こうした生活のある学校・学級社会

の構築にあるといえます。

　さらに，こうした自発的な意思に基づく活動は，一方では発達障害のある子どもにとって生活の見通しを形成する意義をもっています。受動的で，他人から与えられた体験は発達障害の子どもにとっては単に通過するものに過ぎず，体験から学び，体験を通して自分をつくることには結びつきにくいと指摘されてきたのはそのためです。自発的な活動であればこそ，その体験は自分と向き合い，また仲間と向き合うための媒介になるからです。

　他方で，自発的な意思に基づく活動は，通常の子どもたちにとっても「学校的な価値」に支配された世界から，自前で工夫できる活動の世界へと渡るための展望をもつことができる意義をもっています。とりわけ，少年期における自発的な体験が弱くなっている今日において，学力の「高い」「できる」子どもたちにとっても必要な活動として，その意義を確かめておくことが必要です。そして，この活動が，異質な世界にいると思っていた発達障害児につながる体験の場として展開することによって，ともに生活する社会形成を見通す実践の鍵になるのだと考えます。

3　学びのカリキュラムを意識する

　インクルーシブ授業をつくるための第二のポイントは，単に差異と共同の形態・システムを問うだけではなく，当事者として自分の学びのカリキュラムをどう意識するのか，学びの内容論を視野に入れることです。学力形成における「習得と活用」論は今日の授業づくりの重要な論点の一つですが（石井 2012），学習内容の習得のレベルにおいて発達障害児が自己の困難さを理解し，学習過程に向かおうとする主体をどう育てるかが問われています。この主体形成の課題は，単に発達障害児だけの問題ではなく，こうした困難さのある仲間の学びを理解し，受けとめていく子どもたち全般にも求められるものです。さらに，知識・技能の活用レベル（具体的には教科指導において獲得しつつある，また獲得した知識や技能を用いて挑む学習内容の指導）において自己の知識や技能を発揮する授業づくりが課題になります。

　以上のような授業づくりの考え方は，すでに構成主義的学習論をはじめとして提起されてきた理論的系譜に位置づくものです。そこに含まれていた自己の学びのカリキュラムを意識して取り組む，いわば学習をメタ化する力をどう育てるかが問われています。発達障害の子ども自身が学習内容の必要性を意識し，習得と活用の両面から学習過程に参加することをめざそうとするからです（もちろん，習得と活用

は段階的なものではなく，習得過程そのものが，子どもにとってはある種の活用なしに成立するものではありません）。

　ところで，子どもたちが自分の学びのカリキュラムを意識するうえでは，時間軸の視点が必要です。義務教育段階の小・中学校の授業づくりの基盤である学級が，インクルーシブな場として質的に発展していく長期的な視野をもつことが，インクルーシブ授業を成立させるための条件だからです。通常の学級とは別の学びの空間の「意義」やその場と通常の学級との「関連のあり方」も，あるべきモデルがあるのではなく，教師と子どもたちとで探究しながら時間をかけて発見されていくものです。インクルーシブ授業の課題は，今挙げた「意義」「関連のあり方」を問いかけていく広い意味での「学び」を保障していくことです。そのためには，こうした学びが発展していくための時間の軸が不可欠になります。

　時間軸では，小学校に入学する前の生活から学校という場への接続もポイントになります。わが国の就学前の障害児保育実践は，その本格的な開始からすでに40年の歴史をもっています。そこではクラス保育とともに，小集団保育（グループ保育）の取り組みが成果として示されてきました。年齢別のクラスとともに障害と発達に即した小集団を障害児の居場所として保障する取り組みが展開されてきました。

　こうした成果が学齢期の段階においてどう接続するのか，第2節で述べた学びの集団論も，学齢期ではともすれば通常学級への同化の論理が主流だけに，障害児保育と学校でのインクルーシブ教育の接続が課題になります。それがインクルーシブ授業を支える基盤になるのです。

　インクルーシブ授業づくりの探究は，「異質・共同」の論理を求めるところに意義をもちますが，小学校の低学年から中学年にかけての発達課題である親密な仲間関係をどう構築するのか，その世界をくぐり抜けるからこそ，子どもはしだいに思春期から青年期にかけて「異質・共同」の世界へと踏み出すことができるのです。しかし，親密な関係をつくることが課題になる学齢期の段階においても，「同じ仲間だ」と受けとめようとしても発達障害児の存在は，授業においては差異が際立つためにそう容易には構築できるものではありません。この課題への挑戦が，インクルーシブ授業づくりのテーマだといえます。

　中学生から高校，そして高校卒業後の段階においての「異質・共同」論は，障害の受容や自立に向けて学ぶ目的の意識化，さらに生き方の選択といった課題に沿って，インクルーシブな学びの場をどう成立させるかが課題になります。特に学習の遅れや困難さが際立ち，それを補償することがインクルーシブ授業の中心になりがちなこの段階において，今指摘したような自立や生き方に向けての学びをどう成立

させるかという視点が欠かせません[1]。それは障害のある子どもへの視点であるとともに，「通常」の子どもにとっても社会的自立の力を育てるための教育実践の課題でもあります。

4 インクルーシブ授業をつくる展望

わが国の授業づくりの研究は，伝統的に学校の階梯や教科の枠組みを越えて，一つの単元や一時間単位の授業を取り上げて探究してきました。特に一斉形態の授業を軸とする学習の過程をめぐる探究にはおびただしい成果が蓄積されてきました。

これに対しては，それが旧いタイプの授業だと批判されながら，逆にわが国の伝統的な授業が「Lesson Study」として世界から注目されているという現実もあります（NASEM 2011）。ここでは伝統的な授業形態においてインクルーシブな授業づくりを今後どう展望するのか，その課題をいくつか考えます。

（1）インクルーシブ授業論の基本的論点

わが国の授業づくり論でインクルーシブ授業につながる論理の軸は，子どもたちの学習への参加論であり，今日多く展開されているインクルーシブ授業の実践動向も，この軸が主な論点として指摘されてきました。

授業づくり研究の成果に立てば，学習参加は，大きく(i)発達障害児が学習の場に参加する見通しの形成，(ii)遂行すべき学習活動に参加できるかどうかの見通しの形成，(iii)学習活動を展開しつつ，認識や表現活動を学習集団において深める過程に参加できるかどうか，という3つの局面で捉えることができます。

(i)の局面は，今日，特別支援教育では学習環境の構造化として広く実践されているものですが，そこでは，これまで指摘してきた学習の当事者性がどれだけ踏まえられているかが問われます。そして，学習集団の基盤である学級社会を意識的に形成し，学習集団が差異を排除しないトーンとして成立するための指導が求められます。インクルーシブ授業の系譜に位置づく学習集団づくりを理論とする指導では，仲間を排除しない場づくりが展開されてきましたが，ともすれば，それは仲間との差異を平均化し，みんなの仲間に入れるという傾向に陥りがちな面がなかったわけではありません。

これに対して，参加に特別な困難さを示す仲間との差異をリアルにしながら，特別なニーズに応じた参加をどう保障するのかが問われています。その際，○担当教

師が通常の子どもと発達障害児の差異に寄り添い，支援しつつ要求する指導，○加配の指導体制がある場合には，その担当者も差異に対応する体制をとることが必要になります。そして，こうした差異に対応している教師（担当者）と発達障害児の関係を授業の当事者である仲間がどう受け止め，差異を承認するかも検討しなくてはなりません。

(ⅱ)及び(ⅲ)の局面を考える際，授業づくりの論理としては，教材・教具のあり方，また発問等の教授行為のあり方が研究されてきました。そこでは，特別なニーズのある子どもが「授業」という「教える側」の論理で設定された場の学習活動への見通しの形成と，学習活動の深化を促進するための指導技術が議論されてきています。わかりやすい発問や見通しのもてるような指示の工夫等です。また，一つの授業時間の中においてどう「導入・展開・終結」のリズムをつくるのかを構想するとき，特別なニーズのある子どもにとってどのような学習のリズムが必要になるのかの検討も大切な課題になります。

なお，(ⅱ)及び(ⅲ)の局面においても，(ⅰ)の局面への参加論が課題になります。共同の参加をめざすことを基本にしつつ，「常に同じ学習内容で同一の学びの展開を」という考え方に囚われるのではなく，差異に即した違う学習内容や方法による学びの展開を構想しなくてはなりません。

（2）インクルーシブ授業づくりの展望

以上の基本的な論点を踏まえて，インクルーシブ授業のこれからをどう展望すればよいのでしょうか。

① 教科指導における学び方

教科指導においては，各教科それぞれに学び方があり，たとえば国語科の読み方の指導方法は多岐にわたっています。こうしたわが国の各教科の学び方について蓄積されてきた成果を踏まえ，そこに特別なニーズのあるアスペルガー症候群やLDの子どもにどのような困難さがあるのかを検討することが課題になります。国語科においては文学的文章の読みの学習方法と説明的文章の読みの学習方法，算数では数や量の学習を支えてきた教具の理解をめぐる困難さです。こうした教科の学び方の一つひとつは，子どもたちを教科の世界に誘いかける有効な手段として機能してきましたが，発達障害児が学習に参加するためのツールとなるのかどうか，蓄積されてきた知見を再考することが必要です。

教科の学び方を再考するうえで，子どもの学びの心理学的知見を踏まえることも

ポイントだと考えます。抽象的思考・メタファー的理解が必要な教科学習に困難さのある発達障害児にどのような学習体験を積むことが学習参加のためには必要なのかの検討が求められています。その一例は，模倣活動（体験）の意義です（岡本2009）。模倣活動が象徴機能の獲得にもたらす意義，象徴形成の前提としての「虚実の世界の二重性」「自他の二重性」が自閉症児支援の課題として指摘されています。抽象的思考の形成（科学的概念の形成）と生活的概念との関連は，授業づくり論においてこれまで議論されてきた論点ですが，発達障害児にとって抽象的な思考に挑むための基盤になる活動をどう設定するかが研究の課題です。

　一般に教科の学習は，問答と練習（作業）の過程を軸にしています。問答というコミュニケーション過程としての授業場面に気持ちを向け，そこに参加する力や練習（作業）過程を自己で制御する力を育てるときの困難さの検討が求められています。

② 学びにおける生活・総合

　インクルーシブ授業のこれからを展望するうえでは，さらに教科指導における子どもの生活の論理の意義を問い直すことがポイントです。この点は特別なニーズ論に限定したものではありません。しかも，教科指導と生活との結合は，従来から授業論の原則として大切にされてきました。インクルーシブ授業論においてそれはどう議論できるのでしょうか。

　一つは先に指摘した教科の論理の学び方論の中には，生活の論理を重視した提起（仮説実験授業等）もなされてきています。こうした提起に発達障害児が発想する論理をどう関与させた授業過程が構想できるのかを検討することが必要です。

　他方では，特別なニーズのある子どもの生活世界につながる文脈・ストーリーを重視することによって，教科内容に参加し，教科内容の意味を紡いでいく授業をどう構成するかです。自己の生活世界に根づいた立場から教科内容を解釈する授業だからこそ，参加の意欲は促進されるし，同時に参加している集団で仲間との共同の関係を築いていくことができるからです。発達障害児の私的な世界を踏まえた認識や表現をどう授業という公的な場に位置づけていくのか，授業過程におけるコミュニケーション論の課題としても探究することが必要です（原田 2012）。この点では，子ども相互の問答の過程で，仲間の発言内容とともに，学びあう仲間として意識し，気持ちを仲間に向け，参加するための指導（たとえば，友だちの発言をニックネームシールによって誰の発言かを鮮明にしていくこと等）によって，より発言内容を意識化する工夫も考えてみたいものです。

インクルーシブ授業は、さらに学びの総合性を探究するところに意義があります。学びの総合性を考えるうえでは、一つには認識・思考活動においてその質を深めるための表現活動がどう考慮されているかが問われます。もちろん発達障害児にとって表現すること自体に困難さを伴うことは十分予想されますが、認識・思考活動を「見えるもの」にして学習を構想することによって、抽象的・概念的世界を柱とする教科の指導に取り組む筋道を子ども自身が意識化できるのだと考えます。

二つには、総合的学習論を軸に学びの総合性を深めていくことです。その意味は、テーマ性のある学びが、学びの目的をより意識化できるからであり、テーマに関して自己のストーリーから探究することができるからです。従来からインクルーシブ授業の可能性がこの総合的学習論にあることはよく指摘されてきましたが、そのためにも、テーマを設定する過程をていねいに指導することが必要です。

それは単にテーマの内容だけではなく、何を、なぜ、どのように学ぶのかについての見通しの形成を大切にしようとするからです。この過程が綿密に指導されるからこそ、総合的学習が、学習参加に困難さをもつとされてきた子どもの意欲を促進することができるのです。さらに、テーマを探究するために必要な知識の意味を理解することや技能を身につけることに対する関心を引き出し、それがひいては各々の教科指導への意識を高めていく契機になることを期待するからです。高校生に百人一首を絵にして指導する中で、教科への意欲を促進するとともに、生徒相互に「嚙み合う」場面を引き出すことができたといった視点（湯浅 2012）が示唆するように、仲間とともに短歌の世界の学びに参加する目的を共有することが、授業への意欲を掻きたてるのです

以上に加えて、教科学習が教科外活動（特別活動）と結びつくことによって、学びを総合化する視点も忘れてはなりません。今日では学力向上への志向が強く、特別活動の意義はボランティア的な体験的活動などに焦点があてられる程度になっています。しかし、そもそも特別活動は「自由研究」をその源流としています。学びの目的を鮮明にして研究的な学びを展開することに特別活動の意義があったはずです。そうだとすれば、発達障害児の授業への参加を支える基盤として教科指導と特別活動との関連がこれからもいっそう探究されなくてはなりません。

③ インクルーシブ授業の研究方法：ミクロなレベルとマクロなレベル

インクルーシブ授業を研究する方法は、第一にミクロの次元にあり、一つひとつの授業をていねいに分析することが求められます。その際、インクルーシブ授業が学習の共同化を基盤とするからには、通常学級の授業研究の方法論を踏まえること

が前提になります。それは多岐にわたりますが，（1）で指摘した子どもの学習参加の事実と，それを引き出す教師の指導の事実を記録化し，分析する方法によって，授業を改善する論点を鮮明にすることができるのだと考えます。

ユニバーサルデザインの授業づくり論や応用行動分析を視点にした授業づくり論は，それぞれに多様な研究方法を示しています。たとえば，授業への特別なニーズのある子どもの参加率を視点にした研究があります（古田島 2008）。こうした方法・視点はインクルーシブ授業の概要を把握するうえでは大切です。しかし，授業指導は，教師の指導と子ども（集団）の相互性において成立・展開するものであり，教師の働きかけとそれに応じて示される子どもたちの認識・表現活動がどのように関わり合っているのか，その関わり方が授業の質としてどう評価できるのかを検討することが授業研究の軸です。

また，インクルーシブ授業と銘打ってはいても，その授業の記録と分析には，特別なニーズのある子どもの個に焦点を当てているものが多いのも事実です。もちろん個への着目は当然ですが，子ども一人ひとりの認識と表現は，他者との関係のなかで意味をもち，共同性のなかでこそ輝くものです。子ども相互の関係性を視点にした研究の蓄積が求められるように思います。

わが国の授業研究の方法論には，戦後から今日まで先駆的に取り組まれてきた多くの潮流があります。それらが，インクルーシブ授業を研究するための基盤であり，これらの研究の蓄積を踏まえなくてはなりません。ユニバーサルデザインなどといわなくても，今指摘した授業研究の方法論にはその基本理念が示されているからです。

同時に，これから求められるのは，発達障害と呼ばれている子どもたちの側から，これまでの授業研究の方法をさらに豊かにするための視点を発見することです。教師からの特別な配慮・支援の必要性のあり方が，発達障害児の学習の前提をつくるという次元で研究されるとともに，授業づくりの枠組みをどう問い直し，また授業づくりの質をどう高めていくのかという視点からも探究しなくてはなりません。

インクルーシブ授業は第二に，マクロな次元からの探究が必要となります。個別の授業だけではなく，①や②で指摘した教科の学び方や生活・総合といった視点を踏まえながら，教科内容の再編・統合を含めて，今日の子どもたちに必要な学びの質（実学）とは何かという広い視野からの探究が求められています。

また，通常学級担当の教師にとって，特別なニーズのある子どもを含む授業づくりが，どう自身のライフコースにおいて意味をもつかの検討も課題になります。わが国の一斉指導や学習の共同化をめぐっては多くの優れた知見があり，それらが教

師のライフコースを支えてきました。それがインクルーシブ授業を創造するためにどう活かされているのか，また限界はあるのか等の検討も要請されます。さらに教科の専門性を豊かにもつ教師の力がインクルーシブな授業づくりにどう活かされるのか，またインクルーシブ授業を視野に入れる時，教科の専門性はどう問い直されるのかも大切な課題です。

　これらは比較的教師の経験を経た層の視点であり，若手といわれる教師にとって，インクルーシブ授業を視野に入れることが自らの教師のライフコースにとってもつ意味は何かを問うこと，さらに学校全体が，インクルーシブ授業の志向をどうもち，授業改革に取り組んでいくのかもマクロな次元としての検討課題です。

注
1) 困難さをもつ高校生の自立支援の課題は，単に授業に留まらず，生き方の選択など広い視野からの学び論として議論されている。全国高等学校生活指導研究協議会編『高校生活指導』197号，2014，教育事務センター

参考文献
石井英真（2012）「習得・活用を実現する授業とは」『高校教育』5月号，学事出版.
岡本夏木（2009）「模倣から物語まで」『発達』30，ミネルヴァ書房.
古田島恵津子（2008）「通常学級での授業参加率を高める支援」『発達』29，ミネルヴァ書房.
田部絢子・高橋智（2012）「私立中学校における特別支援教育体制整備の現状と課題」『SNEジャーナル』18，文理閣.
原田大介（2012）「インクルーシブな国語授業を考える」（「日本教育方法学会福井大会」課題研究提案資料）.
日笠正子（2006）「ぼくは，これでええんじゃ——LD，ADHDの子どもと三つの共同」大和久勝編『困った子は困っている子——「発達障害」の子どもと学級・学校づくり』クリエイツかもがわ.
久田敏彦（2010）「学級を問い直す」岩垣攝ほか『教室で教えるということ』八千代出版.
村瀬ゆい・篠崎純子（2009）『ねえ，聞かせて，パニックのわけを』高文研.
湯浅恭正（2012）「インクルーシブ授業の理論と方法(1)」『SNEジャーナル』18，文理閣.
National Association Study of Educational Methds (NASEM) (ed) (2011) *Lesson Study in Japan*, Keisuisha.

（湯浅恭正）

第2章 インクルーシブ教育実践の基本的な考え方と方法

1 日本の特別支援教育改革の成果と課題

　2000年以降，日本の特別支援教育は，通常学校に在籍する生活上，学習上の困難を有する子どもたちに対して特別な支援を提供するようになりました。具体的には，文部科学省は通常の学校に特別支援教育コーディネーターを配置し，校内委員会を設置して，特別な教育的ニーズのある子どもに対する指導計画を立案する校内体制を整備しました（特別支援教育の在り方に関する調査研究協力者会議　2003）。文部科学省によると2006年9月時点で小・中学校の特別支援教育コーディネーターの指名率および校内委員会の設置率はいずれも90%以上となっており，特別支援教育に関する校内体制整備は急速に進められました。

　しかし，特別支援学校・特別支援学級に在籍している児童生徒数は年々，増加傾向にあり，通常の学級に在籍している学習障害等の児童生徒に十分な教育を提供できているのかと問われると，まだ多くの課題が残されているといわざるをえないのが現状です。

　こうしたなかで，「LD・ADHD・高機能自閉症の児童生徒に関する支援体制の構築をすべての小・中学校で目指すということは，単にLD・ADHD・高機能自閉症の児童生徒だけに有効であるのではなく，すべての学習者の多様なニーズにこたえる普遍的なものであるという認識に立つことが大切である」というように指摘されています（柘植　2004：140）。また，近年では，ユニバーサルデザインの授業づくりと称して通常学級の国語や算数の授業改善が検討されており，「すべての子ども」が「わかる」授業の方法論が模索され始めています。

　ただし，通常学級に在籍している子どもの多様性をはたして「ユニバーサル化（＝統一化）」できるのかという点も検討しなければならないと考えます（新井

2012)。特に,「通常学級の授業づくりの方法や生徒指導のあり方が何も変化しないまま,学習障害等の子どもの判別や特別な対応が進められても,真の意味でインクルーシブ教育とはならないのではないだろうか」という点について,検討することが必要です。

それでは,どのような教育実践を展開すればインクルーシブ教育実践となるのでしょうか。本章では,インクルーシブ教育を先駆的に実践してきた英国の例を参考にしながら,通常学級で学ぶ発達障害等の特別な教育的ニーズをもつ子どもに特別な支援を提供する原理と具体的な授業方法について考えていきたいと思います。

2 「学校改善 (school development)」の重要性

インクルーシブ教育を先駆的に実践してきた英国では,1990年代以降,特別な教育的ニーズコーディネーターを校内に配置し,個別教育計画(IEP)を作成して,学校全体からアプローチする方針が示されました。しかし,こうした外形的な改革では,インクルーシブ教育は十分に進展しませんでした(Ofsted 2004：7)。

その理由として英国では,「すべての学校がインクルーシブ教育の意味を理解できているわけではない」ことや,「特別な教育的ニーズコーディネーターや地方教育当局の支援サービスによる効果的な活動を行うことによって,職員の『気づき』は進んできているが,その態度や実践については変化が遅い傾向がある」こと,また「通常学校と特殊学校の間の協働が十分に発展していない」ことなどがあると考えられました(Ofsted 2004：7)。

こうした状況を打開するために,英国では単に子どもの特性に応じて授業を工夫するだけでなく,以下のような3側面からの学校改善(school development)が重要であると考えました(Booth, T. and Ainscow, M. 2002：8)(表2-1)。

こうした研究者の知見を参考にして,英国政府は,2004年にインクルーシブ教育実践を推進するための政府戦略を示しました。そこでは,「学習上の困難は子どもの身体面,感覚面,認識面の障害から生じるとともに,子どもの不適切なグルーピング,柔軟ではない教授スタイル,理解できないカリキュラムや教材といった不適切な教育環境からも生じる」という見解が示され,学校改善の重要性が指摘されました(DfES 2004b：28)。

また,インクルーシブ教育を進めていく上で大きな障壁となっていた「情緒面または精神保健面で課題のある子ども」に対しては,家族環境とともに,「インク

表2-1　インクルーシブ学校建設のための3側面

A：インクルーシブ文化（inclusive cultures）の創出
　A-1：コミュニティを形成すること
　A-2：インクルーシブ教育に関する価値を確立すること
B：インクルーシブ方針（inclusive policies）の創造
　B-1：すべての子どものための学校に発展させること
　B-2：多様性に対応する支援を組織すること
C：インクルーシブ実践（inclusive practices）の開発
　C-1：多様な学習の組み合わせを実現すること
　C-2：支援資源を動員すること

出典：Booth and Ainscow, 2002：8.

ルージョン―すべての子どもに効果的な学習機会を提供すること―」の実現が重要であると指摘されています（DfES 2004b：28）。英国では，こうした実践を提供することができるように，教師の専門性を組織的かつ計画的に向上させていくことが必要であると考え，各校で「継続した専門職研修（Continuing Professional Development：CPD）」を実施することが必要であると考えました（DfES 2004a：4）。

　このように，インクルーシブ教育実践を推進するためには，学校の文化や方針，あるいは学校・学級の指導構造を改善することが重要であるということが英国の例からわかります。もちろん，英国のインクルーシブ教育においても，学習困難児の学習上のバリアを取り除くという点も重視されてきましたが，それ以上に，学校を改善することがインクルーシブ教育実践には必要であると考えられます。

3　チーム・ティーチングによる学習支援と学級づくりの重要性

　英国では，学校全体でインクルーシブ教育を推進するための重要な人的資源としてティーチング・アシスタント（日本の「特別支援教育支援員」に近い）が位置づけられています。もともと，英国ではトイレや体育の着替えの際に子どもを支援したり，教室の整理整頓等の教師の補助をする役割としてアシスタント・スタッフが配置されていましたが，1997年にインクルーシブ教育の推進が掲げられると，アシスタントの計画的な養成や増員が計画されました。

　その後，名称を「ティーチング・アシスタント（Teaching Assistant：TA）」に変え，特別なニーズのある子どもを介助するスタッフではなく，教室のなかの「教育指導者」という役割を強調するようになりました。このティーチング・アシスタン

表2-2 ティーチング・アシスタント（Teaching Assistant：TA）の役割

子どもへの支援	TAは「すべて」の子どもを支援する存在である。主としてひとりの子どもを支援するとしても，他の子どもとも定期的かつ親密に接するようにならなければならない。また，身体面あるいは学習面で困難を伴う子どもが他の子どもと一緒に活動できるよう支援しなければならず，まさにインクルージョンの核心的存在である。
教師への支援	TAの仕事には子どもを学級外へ連れて行くときの引率者としての役割が含まれている。しかし，TAはそうした「介助」の役割以上に，子どもの読み書き計算の学習状況を捉え，指導するといった役割を担っている。そのため，学級でのグループワークなどを支援することも行っている。
カリキュラム支援	TAが読み書き計算の学習指導の計画に参加することで，子どもの成績を向上させることができると考えられている。TAはしばしばカリキュラム（例：体育や情報通信技術〔ICT〕など）作成にも参加している。
学校への支援	TAは職員チームの一員として位置づけられている。そのため，行事等で役割を果たすとともに学校方針を実践に移し，学校の考え方を発展させる責任を負っている。

出典：DfEE, 2000, 8-9. を筆者が抜粋しまとめた。

トは，インクルーシブ教育実践を推進するうえで次のような役割を担っています（表2-2参照）。

　ティーチング・アシスタント（TA）の役割を総合的に捉えると，インクルーシブ教育実践を展開しようと考えたら，クラス担任1人で対応するには限界があるということであり，そのために学級全体を支援し，教師の指導を補助する人を配置するというものです。こうしたなかで，アシスタント・スタッフを補強する必要があると英国では考えました。事実，英国では，「授業中に自分の役割を十分に考えている教師と密に連携するティーチング・アシスタント」や「質問する技能を十分に保有しているティーチング・アシスタント」がいるところでは，「指導の質（quality of teaching）」が向上していることが報告されています。

　また，「教師が問いかけた質問を繰り返したり，一緒に言ったりすること」や，「個々の子どもに対して説明を追加したり，別の説明の仕方で伝えたりすること」などにより，ティーチング・アシスタントが「全体指導の中で，子どもの学習をより良く支援している」という効果が確認されています（Ofsted 2003：33-34）。そして，以上のようなティーチング・アシスタントは，「グループワークや個別学習の中で，子どもの学習をより良く支援できる」ことも報告されています（Ofsted 2003：33-34）。

第2章　インクルーシブ教育実践の基本的な考え方と方法

　加えて，英国のインクルーシブ教育では，子どもの成績を上げるためには「学習に対する肯定的な態度，良い行動，集中の持続時間を伸ばしていくこと」が重要であると認識され，社会的・情緒的発達を促進する教育が子どもの成績の向上に寄与すると考えられてきました（Ofsted 1999：75）。こうしたなかで，英国では学級担任とティーチング・アシスタントが協力して，「学習における社会的・情緒的側面（Social and Emotional Aspects of Learning：SEAL）」を伸ばしていくことが重要であると考えられています（DfES 2005a：6）。

　以上のように，アシスタント・スタッフは，インクルーシブ教育実践を支える「学級づくり」にとって大きな鍵を握っている存在です。すなわち，インクルーシブ教育は，同一の集団のなかで能力や特性が大きく違う子どもたちの指導方法を開発することが求められますが，こうした実践課題に対処するために，英国ではクラスのなかで担任教師とアシスタント・スタッフが効果的にチーム・ティーチングを展開することが必要であると考えられています。

4　効果的な教授方法を用いてすべての子どもの学習を保障する

（1）「障害児」に対するインクルーシブ教育実践の展開

　それでは，2000年代以降，インクルーシブ教育を推進する英国では，どのような授業改善が試みられたのでしょうか。まず，いわゆる「障害児」が通常の学級のなかで学んでいくための配慮について，2001年に英国政府が出した報告書では，自閉症スペクトラム障害や読み書き障害と計算障害，聴覚障害，会話と言語の困難，視覚障害の子どもに対し，次のような特別な配慮が必要であると考えられました（DfES 2001a：3）。

　たとえば，自閉症スペクトラム障害をもつ子どもは「学級全体で数を数える活動に参加することが難しいこと」や「1から100まで数えることには熟達していても，途中から数え始めることが難しいこと」，「カリキュラムを横断的に捉え，数概念を指導することが課題となること」が実践上の課題として挙げられました（DfES 2001b：3-4）。こうした困難に対して，算数の授業において教師は，「大人と一緒に正確に数え続けることができるような，選択的な機会を与えること」や「数列をつくったり，なじみのあるアイテムを用いて支援を提供すること」など，授業展開を工夫することが重要であると考えられています（DfES 2001a：3）。

　また，読み書き障害の子どもの学習困難には，「基本的な『数の感覚』が影響し

第Ⅰ部　学習観の転換と授業改革の方向

表2-3　初等学校における教授方法の改善の視点

教科間の内容を本質的なところで連携させる	（教科ごとに）異なる文脈の中で学んでいる読み書き計算の関連性を理解し，応用的な学習を行う必要がある。
指導方法や指導技術およびそのツール（ICTを含む）を整理する	学習者のニーズと学習の文脈に即して，指導のアプローチや教授方法を選択し，適用していく。
学級担任とティーチング・アシスタントが密接に連携する	特別な支援を提出ながら，初等教育の枠組みの中で年齢にふさわしいと思われる学習活動を提供する。

出典：DfES, 2006, 9-11 および DCSF, 2007, 7.

ている」ことや，「0.7, 0.8, ＿, ＿, 」といった「系列を操作したり記憶したりすることに困難がある」ことが関係していると考えられました。こうした特性を踏まえ，読み書き障害の子どもに対しては「具体的な対象物をたくさん数えたり，対象物を動かしたりして…量的に数える」ことや，「10個ずつのかたまりを数え，そのうえで1個ずつ数える，というように構造的に練習する」ことが必要であると考えられています（DfES 2001b：2）。

（2）初等学校における教授・学習方法の改善

　こうした障害児に対する特別な配慮や指導方法が開発される一方で，2000年以降，英国では通常の学級における教育方法が見直されました。たとえば，2005年に初等教育において目標水準に到達していない子どもの割合が10％程度存在することが明らかにされましたが，この原因として「子どもが読みの楽しさをあまり感じていない」ことが挙げられました（DfES 2005b：3）。そして，こうした状況に対して，読み書き計算に関する初等教育の実践計画（Primary Framework for Literacy and Numeracy）」が策定されました。

　そこでは，「音声言語を中心とした活動の質を高め，子どもの読み能力を向上させることが重要」であることや，「読み書き計算の日々の指導の構造と組織を柔軟なものにする」などといった点が指摘されました（DfES 2005b：3）。その後，教科ごとに学習の本質をつかんだ指導を展開することが重要であることや，ICTの活用，あるいはティーチング・アシスタントとの連携など，初等学校の教授方法がさまざまな角度から検討され，教師用パンフレットが刊行されました（表2-3参照）。

（3）中等学校における指導方法の改善

　同じように，英国では中等学校における指導方法についても改善しようと試みられていました。ここでは，「読み書き能力の高さはすべての教科の成績水準を向上させる重要な要素」であり，「言語は教えること・学ぶこと・考えることの主要な手段である」と考えられ，言語は指導の核となることが確認されました。そのため読み書きは，「教科に付け足されて教わるものではな」く，「すべての教師が自分の教科の中で必要となる読み書き能力に注意を向ける必要がある」と考えられました（DfES 2003b：1）。そして，こうした教科指導を展開することが，「誰も落ちこぼれを出さない」教育を展開することになると考え「基礎強化」の重要性が指摘されました。

　一方，特別なニーズのある子どもたちに対する学習困難は，経験の乏しさなどから生じることもあると考えられ，「充実した学習経験」や「やりがいのある楽しい学習」となるように授業づくりを工夫することが必要であると考えられています。英国では，こうした生活上の経験を重視する支援も，特別な教育的ニーズのある子どもにとっては「学習上のバリア」を取り除く方法であると考え，「授業展開や教授技術の工夫」と「生活上の経験等の考慮（学習バリアの除去）」といった「両輪」を発展させて授業を展開していくことが大切であると考えられました（図2-1参照）。

5　まとめ——インクルーシブ教育実践に必要なこと

　以上のように，英国のインクルーシブ教育実践の基本的な考え方と方法を概観すると，子どもがもっている特別なニーズに対して専門家が提供する「特別な対応」を付け加えるかのように提供するのではなく，「学校づくり」「学級づくり」「授業づくり」の3側面をトータルに改善していくことが重要であったと考えられます（図2-2参照）。そして，こうした実践を展開するためには，学校のすべてのスタッフが学習上，困難を示す子どもに対して一定の知識やスキルを習得していることが必要であり，英国では学校の全スタッフの専門性を向上させる「継続した専門職研修」を組織的・計画的に行うことで，こうした課題を解決しようとしていた点も重要な点であると考えます。

　英国のインクルーシブ教育実践の展開で注目すべきことは，学習上困難の大きい子どもには「特別な対応」を提供することが否定されていないということです。し

第Ⅰ部　学習観の転換と授業改革の方向

【「教授」または「教育実践」の原理】

- すべての子どもが高い期待を受けた文化の中にいる（誰も落ちこぼれを出さない）
- カリキュラム全体を通じて読み書き計算を中心とした能力を定着させる（基礎強化）
- カリキュラム全体を通じて学習スキルを活性化する（充実した学習経験）
- 学習に関するアセスメントを促進する（すべての子どもを特別にする）
- 教師がもっている教授方法と技術を広げていく（やりがいのある楽しい学習）

学習上のバリアを取り除く

- さまざまな生活上の経験を考慮したり，言語的なニーズを含めたさまざまなニーズを考慮した方法で教える。
- 子どもの能力にふさわしいレベルに学習到達できるような特別な支援の提供。

教授方法・学習計画の工夫

- 何を学習しているかを明確にする。
- 他の学習と関連性をもたせる。
- 授業の開始や導入で既習の知識と関連させた活動を展開する。
- 目的のある話し合いをする機会を頻繁にもつ。
- 子どもには質問することを奨励する。
- 子どもが授業の中で個別に目標をもっている。
- 教師が授業のプロセス（何をして何を考え，何を質問するか）を示す。
- 宿題や事前学習について授業の中で言及し，それらを活用する。
- 活動的な取り組みをする戦略をもっている。
- 授業に結論がある（自由な振り返りを支援する）。

図2-1　中等教育における授業改善の視点

出典：DfES　2003a：3. および DfES　2004b：4. を新井がまとめて作成した。

特殊教育／特別ニーズ教育

- 特別な教育を提供する場と専門スタッフ
- 介助員としてのアシスタントの配置
- 障害に対する対応と専門的な指導方法の開発

インクルーシブ教育

- 学校全体からのアプローチそのためのコーディネーター
- 教育支援を提供するティーチング・アシスタントの養成
- 効果的な教授学習の提供
- 社会的・情緒的発達を意識したカリキュラム開発
- 学習困難児のための読み書き支援プログラムの開発

学校づくり　学級づくり　教授方法の改善

「継続した専門職研修」を各学校が展開することですべてのスタッフで実践する。

図2-2　インクルーシブ教育実践を展開するための改革の視点

かし，それを分離された場において，専門家が引き受け，特別な対応を提供するという方法ではなく，通常学校のカリキュラムや教授方法を改善することで可能な限り対応しようとしていた点がインクルーシブ教育実践の特徴の一つであると考えます。

すなわち，分離された場に措置することはせず，通常の教育の枠組みのなかに「特別な対応」を埋め込むといった，一見すると矛盾すると思われることを実現することがインクルーシブ教育実践では求められるということです。英国のインクルーシブ教育では，こうした矛盾を解決する一つの方法として，「効果的な教授・学習」や「学習における社会的・情緒的側面の育成」というような分離的な要素を極力表面化させない概念を用いて実践されています。

以上のように，インクルーシブ教育実践では，子どもの特別なニーズを単体として捉えるのではなく，学校に存在する指導構造を改善することで，幅広い子どもに対応できるようにすることが求められていました。こうした意味において，インクルーシブ教育実践の創出は，従来の学校教育の基本構造をそのまま踏襲するだけではなく，学校改善を伴った新しい実践の創出が求められると考えます。

参考文献

新井英靖（2012）「インクルーシブ教育とユニバーサル・デザインの授業づくり」渡邉健治編著『特別支援教育からインクルーシブ教育への展望』クリエイツかもがわ：173-185.

柘植雅義（2004）『学習者の多様なニーズと教育改革――LD・ADHD・高機能自閉症への特別支援教育』勁草書房.

特別支援教育の在り方に関する調査研究協力者会議（2003）「今後の特別支援教育の在り方について（最終報告）」.

Booth, T. and Ainscow, M. (2002) *Index for Inclusion; Developing Learning and Participation in Schools.* Centre for Studies on Inclusive Education (CSIE), London.

Department for Education and Employment (DfEE), (2000) Working with Teaching Assistants; A Practice Guide.

Department for Education and Skills (DfES), (2001a) The Daily Mathmatics Lesson; Guiddance to Support Pupils with Autistic Spectrum Disorders (The National Numeracy Strategy).

Department for Education and Skills (DfES), (2001b) The Daily Mathmatics Lesson; Guiddance to Support Pupils with Dyslexia and Dyscalcula (The National Numeracy Strategy).

Department for Education and Skills (DfES), (2003a) Key Messages Pedagogy and Practice (Key Stage 3 National Strategy).

Department for Education and Skills(DfES), (2003b) Literacy across the Curriculum; Key Stage 3 Strategy.

Department for Education and Skills (DfES), (2004a) Excellence and Enjoyment; Learning and

Teaching in the Primary Years; Introductory Guide; Supporting School Improvement.

Department for Education and Skills (DfES), (2004b) Pedagogy and Practice; Teaching and Learning in Secondary Schools; Unit 4 Lesson Design for Inclusion.

Department for Education and Skills (DfES), (2005a) Learning Behaviour; The Report of the Practioners' Group on School Behaviour and Discipline (Chair; Sir Alan Steer).

Department for Education and Skills (DfES), (2005b) Raising Standards in Reading — Achieving Children's Targets (Primary Leadership Programme, Intensifying Support Programme, Primary Strategy Learning Networks; Primary National Strategy).

Department for Education and Skills (DfES), (2006) Primary Framework for Literacy and Mathmatics (Primary National Strategy).

Department for Education and Skills (DfES), (2007) Social and Emotional Aspects of Learning for Secondary Schools (SEAL).

Office for Standards in Education (Ofsted), (1999) Primary Education 1994-1998; a Review of Primary Schools in England.

Office for Standards in Education (Ofsted), (2003) Teaching Assistants in Primary Schools; An Evaluation by OFSTED 2001-02.

Office for Standards in Education(Ofsted), (2004) Special Educational Needs and Disability; Towards Inclusive Schools.

（新井英靖）

第3章 学校全体の指導構造の問い直しとこれからの学校づくり
―― ホール・スクール・アプローチの発展的継承をめざして ――

1 通常学級でさまざまな困難を経験している子どもたちの存在

　ここ数年，少子化が進んでいるにもかかわらず，特別支援学校や特別支援学級に在籍する子どもたちの数は増加の一途をたどっています。その背景には，障害が早期に発見されるようになり，手厚い支援をすることが子どもの成長につながるという実感を保護者がもつようになったこと，だからこそ学校でもより専門的で手厚い支援を望むニーズが高まっていること，特別な場で学ぶことに対してこれまでよりも柔軟に考えられるようになりつつあることなど，さまざまな要因が考えられます。
　では，相対的に，地域の通常学級に通うなんらかの特別な支援を必要とする子どもたちの割合は減っているかというと，現実は必ずしもそうではありません。文部科学省が2012（平成24）年に行った「通常の学級に在籍する発達障害の可能性のある特別な教育的支援を必要とする児童生徒に関する調査」によれば，通常学級のなかで学習・行動面でなんらかの困難を経験していると思われる子どもは約6.5％にのぼると報告されました。これは，10年前に行われた同様の趣旨の調査時（6.3％）から微増の結果であり，特別支援学校や特別支援学級に在籍する子どもたちの数が増えているなかで，通常学級で困難を経験している子どもたちの数は決して減ってはいないことを示しています。
　特別支援学校・学級に在籍する児童生徒が増えているなかでも，通常学校（学級）で困っている子どもはたくさんいます。なかには，いじめや不登校など，通常学校（学級）に居場所を失い，困り果て疲れ果てて，特別支援学校や特別支援学級に在籍することを選ぶ子どもたちもいます。こうした現実に直面している今，通常学校（学級）が「学習困難のある子どもたちを含めたすべての子どもたちにとって安心して学べる場である」という意味での信頼を取り戻すことが急務の課題となっ

ているといえるのはないでしょうか。本章ではそのような問題意識に立って，通常学級だけでなく特別支援学級や通級指導教室などの多様な校内リソースを含めた学校全体の指導構造のあり方を問い直してみたいと思います。

2　学習主体としての子どもの発達理解

(1) 子ども観・授業観の捉え直し

　多動や衝動性の高い子どもたちがクラスの混乱を招く…という話を耳にすることがあります。以前，ある通常学級の研究授業で，立ち歩いたり教師や友だちに暴言を浴びせたりしてクラスの秩序を乱すことの多い特別支援学級に在籍する児童が欠席をした際，授業後の協議で，担任が思わず「あの子がいなかったから，今日の研究授業はうまくいきました」と口にしたという話を聞いたことがありました。研究授業のプレッシャーからの解放感が，思わず言わせた一言だったのでしょう。担任教師の子どもたちとの日々の"格闘"を思えば，その労をねぎらう気持ちは惜しむべくもありません。それでもこの一言を，私たちは重く受け止める必要があるのではないでしょうか。

　「あの子がいなかったから…」と思わず口にした担任を責めるのではなく，教師にこの一言を吐露させたものは何だったのかを考えてみたいと思います。この一言の背景には，無意識のうちに"あの子"を"排除"する論理が潜んではいないでしょうか。また教師には，"あの子"に対する"正しい子ども像"，そして，授業とはこうあるべきという"理想的な授業像"があり，それゆえに矛盾する現実に苦悩しているようにも見えます。けれども，発達障害の子どもを含め，さまざまな発達上の課題をもつ子どもたちがクラスに混在することが当たり前になりつつある今日，これまでの子ども観や授業観に基づく指導はもはや通用しなくなってきているのではないでしょうか。つまり，子ども観，授業観の転換が大きく迫られているのです。

　インクルーシブな授業の創造をめざすとき，どうしても how to に目が向けられがちになります。その背景には，短期間に成果を出すことが求められ，形式化された評価が重視される教育界のなかで，「待てない」「待つことが許されない」風潮の影響も少なくないでしょう。しかしながら，子ども観や授業観が弱いまま目先の成果にとらわれると，外的な状況に惑わされがちになります。たとえば，子どもの障害特性から直線的に導かれる短絡的な指導をしてしまう。障害特性を理解して，子どもを理解したつもりになってしまう。あるいは，障害特性への配慮という名のも

とに"障害"への介入だけが焦点化され，"障害のある子ども"への働きかけが薄くなってしまうこともあるかもしれません。子どもを学習主体として理解して教育実践を行うということは，同時に，子どもを発達の主人公として理解する子ども観に根ざすものでなければなりません。それは，それぞれの障害特性をもつ子どもが世界をどのように捉えているかを知り，そのことを通じて子どもがなぜ目の前の行動をするかを理解し，子ども自身が変わろうとする力を見極め，発達的な見通しをもって学習環境やカリキュラムをととのえていくことに他なりません。その意味では，how toではなくhow（どのように）やwhy（なぜ）を問うことが，子ども観や授業観を捉え直すことにつながるのではないでしょうか。

（2）子どもを発達的に理解する

　子ども観の一つの側面として，ここでは子どもを発達的に理解するということの意味について考えてみましょう。子どもを発達的に理解するというのは，単に発達障害の特性を理解するということを指すのではありません。人間が人として生まれ発達していくその筋道に沿って理解するという意味で，発達的に子どもを捉えようとすることを表します。

　2013（平成25）年9月に文部科学省より「学校教育法施行令の一部改正」が通知され，「就学基準に該当する障害のある子どもは特別支援学校に原則就学する」という従来の就学先決定の仕組みが改められることになりました。地域によって若干の違いはあるかもしれませんが，今後ますます，多様な発達段階の子どもが地域の小・中学校に入学してくる可能性が考えられます。なかには，学齢期以前の発達課題をもつ子どもが小学1年生として地域の通常学校に入学することもありえない話ではなくなってきます。そして現に，そのような子どもたちが地域の学校で学んでいます。たとえば，2〜3歳の発達段階にある知的障害の子どもに対して，「小学1年生だから」と一律に鉛筆を持たせ字を書かせる指導が果たして通用するでしょうか。また，発達障害の子どもの場合は，「できる」ことと「苦手な」ことのアンバランスさが大きいことが特徴です。漢字を書くことや2桁の割り算ができても，人との関係を耕すなかで文字や言葉の意味を捉えていくことに課題のある自閉症の子どももいます。そのような子どもに，ただ「小学4年生だから」という理由で機械的に「漢字を書く」「計算する」ことを求めることが，果たしてその子どもの発達課題にみあった学習活動となるでしょうか。

　このような子どもたちと出会うとき多くの教師は，目の前の子どもに何をどうやって指導すればよいのかという戸惑いや葛藤を経験するのではないかということ

は想像に難くありません。そこで，子ども観の転換が求められます。すなわち，「小学1年生」「小学4年生」といった学年に依拠する子ども観から，より発達的な視点での子ども理解を深めていくことをめざすのです。発達的な視点をもつとは，たとえば，言語・手指の操作・自我の育ちなどとの関連で子どもの発達を読み解くことを表します。読み書きの困難さを経験している子どもであれば，単に「たくさん読むのが面倒くさい」「書くことが嫌い」だからではなく，なぜ「読む」「書く」ことが難しいのかを感覚機能や手指の運動機能，認知機能との関連で見極めること，授業中に立ち歩きの見られる子どもであれば，その行動の背景にどのような発達的必然性と発達要求があるかを想像することであり，それが「今，何を指導するか」を立案することにつながります。

　子どもを発達的に理解する視点を欠くと，一歩誤れば，線を始点と終点のある線分として認識することの難しい子どもの手に鉛筆を握らせて45分間ひたすら文字のなぞり書きをさせる，読み書きの困難が著しい子どもに100マスに同じ漢字を繰り返し書く練習を毎日何ページも課して身体で覚えさせるような指導がまかりとおってしまいます。あるいは，自らの衝動性をコントロールする力が未熟であるがゆえに立ち歩いてしまうことの多い子どもに対して，「ちゃんとすわりなさい」「なぜ，すわって待つことができないのか」と叱責を続け，クラスのなかでその子どもが「あいつはいつも怒られてダメな奴だ」とレッテルを貼られることにつながることもあるかもしれません。その子なりに精一杯の時間と労力を割いても「できた」「できるようになった」という達成感を経験することが困難な子どもは，「今のままの自分でいい」「今のままの自分がいい」と思えず，自己肯定感を育むことができません。それが子どもの人格形成にも大きな影響をもたらすことはいうまでもないでしょう。

　もちろん，小・中学校の教師は初等・中等教育の専門家として養成されるものですから，学年を節目として子どもを理解することは，実際にカリキュラムが学年進行に合わせて用意されていることからも当然といえます。そのうえさらに，発達段階に依拠した子ども観の会得を求めることは，容易なことではないかもしれません。けれども，発達障害に代表されるようなさまざまな発達段階にある，または発達課題をもつ子どもたちが集う今日の教育現場では，"発達"と"教育"を重ね合わせた視点から子どもを理解することで，なにより教師自身が目の前の子どもに対して発達的な見通しをもって，「何」を「どのように」教育活動として展開すべきかを想像することを可能にするのではないでしょうか。子ども一人ひとりの育ちに目を向けるとき，"学年"の枠だけにとらわれず発達的に子どもを理解しようとする視

点は，必然的に求められるものであるともいえます。そしてそれは，"困った"行動や障害特性，課題の出来・不出来といった現象面だけでなく，子どもの内面の育ちに目を向け，子どもの人格形成を豊かに保障するという教育本来の営みにも道を拓く助けとなるでしょう。

(3) 子どもの発達を連続的に理解する

　筆者は，発達相談員としてある自治体の小・中学校の巡回相談に携わっています。そこでは，学年の枠を超えて発達検査という同じ"評価軸"で継続的に子どもの育ちと課題を見取ることへの期待が大きいと感じています。最近の学校事情として毎年担任が変わることが多いなかで，"今"目の前の子どもを知ることに一生懸命でも，それが"過去"の子どもの姿と，あるいは"将来"の子どもの姿とどうつながっているかが非常に見えにくくなっています。だからこそ，巡回相談では，過去から現在を経て将来までを一貫した"軸"で評価することに価値が見出されるのでしょう。そのことによって，"今"だけを切り取って子どもを見るだけでは見えてこないものが見えてきます。すなわち，過去から現在に至るまでの変化を知り，ときには現在の姿から過去の行動にあらためて意味づけを行い，そして将来への発達的な見通しをもつことができます。このように，過去・現在・将来をつないで連続的に子どもの育ちを見取ることは，子どもの発達を理解する上で重要な視点の一つです。

　子どもの発達を連続的に理解することはまた同時に，一つひとつの課題に対して「できた」「できなかった」という"結果"だけに注目するのではなく，「できる」までの"プロセス"，「できなさ」の"変化"，また自力ではできなくても他者の援助を得て達成可能な「できる」ことの"幅"など，"今"の子どもの姿を"点"としてではなく限りなく"線"として捉えようとするという意味でも"連続的"な営みといえます。そこには，子どもの成長の過程や学びの履歴が凝縮されており，かつ，今後の発達的な見通しが示唆されています。

　ロシアのヴィゴツキー（Vygotskii, L. S.）が，子どもの発達について，子どもが自主的に解決することができる水準だけではなく，他者の援助を得て解いたときの水準を重視し，その二つの水準の間を「発達の最近接領域」と呼んだことはよく知られています。彼は，教育について，今できることの水準に合わせて行うのではなく，この「発達の最近接領域」に働きかけなければならないと主張しました。子どもの発達を連続的に理解することはまさに，「今，できる」水準だけではなく，「今，できる」ことと「これから，できようとする」こととの関係で子どもの発達を捉え，

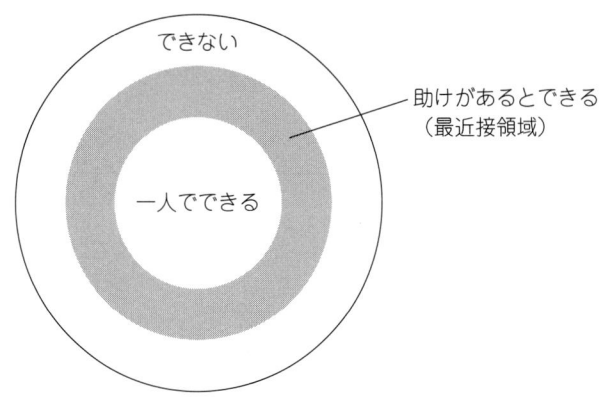

第Ⅰ部　学習観の転換と授業改革の方向

図3-1　発達の最近接領域

成長を支えようとする「発達の最近接領域」へのアプローチを含むものといえるでしょう。さらに，子どもが"今"解決できないことを"次"にどうつなげるかという視点は，「個別の指導計画」や「個別の教育支援計画」のなかにも反映され，子どもの発達に責任をもつ関係者の間で共有されることも重要です。そのときのキーワードとなるのが，次の"共感的"な理解です。

（4）子どもの発達を共感的に理解する

　子どもの発達を共感的に理解するというとき，そこには「子どもへの共感」と，「子どもの成長を支える者同士の共感」という2通りの意味が込められています。子どもへの共感とは，子どもの発達を"結果"としてだけ捉えるのではなく，過去から現在，そして現在から将来へと発達していく過程の"今"として捉えることで，"今"に至るまでの子どもの学び，努力，困難をすべてひっくるめて，ありのままの子どもの姿に思いを寄せて理解することを意味します。結果としての「できた」「できなかった」という姿だけにとらわれず，その事実からだけではつかみきれないもの，たとえばそのことが子どもにとってどのような意味をもつのか，「できた」ことを喜びとして感じているのか，「できた」自分への手応えを感じているのか，あるいは「できなかった」ことに悔しさを感じているのか，「できなかった」けれど「できるようになりたい」と精一杯頑張った自分自身を誇りに思っているのかなどといった内面にも寄り添うことが大切になります。

　また，先に述べたように，今日では担任が毎年変わる学校が多くなりました。そのなかで，子どもも保護者も"支え"になる人を作りにくい状況が生み出されているように感じられます。1年間というサイクルを螺旋的に繰り返しながら子ども理解を積み上げていくことが難しいという意味では，教師にとっても同じことがいえ

るでしょう。だからこそ，子どもの成長に責任を負う者同士が子どもの発達について共感的に理解し合うことが必要といえます。学びの成果としての「できた」か「できなかった」かという"結果"はもちろん大切ですが，それだけで子どもを理解するのではなく，「4年生の○○くんは1年生のとき，よく授業中に立ち歩いていたけれど，今は算数の授業中には挙手して意欲的に参加するようになったね」「2年生のときの誰より早く九九を覚えてみんなにほめられたことが，一つの転機だったのかな」「まだ時々，どうしてもじっとすわっていられなくて，廊下に出て自分からクールダウンする姿が見られるけれど，自分から教室に戻るようになったね」「教室を出るときのタイミング，課題の中身や分量をもう少し吟味してみる必要があるね」など，子どもの発達の過程，学びの履歴を共感的に共有できる仕組みづくりが重要になるでしょう。共感することは人と人をつなぎ，協同的な学校を創りだす大きな原動力ともなりえます。

3　校内リソースでの学びをどう位置づけるか

(1) 子どもが発達の主人公になれる学びの場

　子どもの発達を保障するためには，何よりもまず，子どもの主体的な学びが可能となる場所が保障されることが必要となります。通常学級がすべての子どもにとって，安心して学習し，発達できる場でなければなりません。その一方で，校内に特別支援学級や通級指導教室などの多様なリソースが用意されることもあります。では，そこでの学びをどのように位置づければよいでしょうか。

　特別支援学級で先生や友だちと生き生きと学ぶ子どもたちと出会うことがあります。彼らにとって，そこは自分が発達の主人公になれる学びの場となっているのだということが伝わってきます。その一方で，自分だけがクラスを離れて別の教室に行くことを頑なに拒む子どももいます。「特別支援学級で学ぶこと」が子どもにとってどのような意味をもつのかを考えるとき，筆者はいつもある女児のことを思い出します。

　筆者がかつて出会った特別支援学級に在籍するある女子児童は，運動が得意で明るく人懐こい笑顔の魅力的な子でしたが，高学年になるにつれてクラスの学習についていくことが難しくなっていました。その小学校では特別支援学級在籍の児童にも通常学級での学習を保障することに重きを置いていたため，彼女は一度も特別支援学級で学習する機会のないまま卒業を迎えました。中学校でも特別支援学級に在

籍はしていましたが，彼女自身は自分だけが別室（特別支援学級）で学習すること
に対して拒否的な姿勢を示し続けていました。ノートを写さない，テストを白紙で
提出することが続くようになるなかで，本人の険しい表情や素行を気にかけていた
教頭先生の提案で，「放課後に学校に残って，友だちと教頭先生と一緒にテスト勉
強をする」ことから別室で学習することへの抵抗を減らしていきました。そこで
「やればわかる」という手応えと「わかればテストの答案も書ける」という自信を
培ったことが，彼女を大きく変えたのです。その後は，本人の合意のもと，時間割
のなかで特別支援学級での学習時間を積極的に設けるようになりました。テストを
白紙で提出することがなくなり，苦手な学習にも意欲的になりました。なにより，
彼女の顔に笑顔が戻りました。そして，自分の適性を自分自身で見つめ，進路を選
択し，受験を乗り越えて志望校への合格を果たしました。子どもが学習主体となり，
発達の主人公になれる場をただ用意するだけではなく，そこで学ぶことの意味を子
ども自身が見出し，かつ，それが学校のなかで子ども自身が安心して誇れるもので
なければならないことを，彼女の笑顔とともに思い出すのです。

（2）特別支援学級での学びの位置づけ

　特別支援学級に在籍する多くの子どもは，特別支援学級と通常学級を行き来して
学んでいます。学校のなかで特別支援学級がいつもひっそりと人影がなく，存在感
もなければ，そこでの学びに子ども自身が積極的な価値と意義を見出すことは難し
いでしょう。また，「問題行動や個人の弱い機能だけを個別に取り出して"治す"
場」として認識されているとき，そこで学ぶ自分自身を肯定することも難しくなる
のは当然といえます。学校という大きな組織のなかで特別支援学級の存在をどう位
置づけるか，特別支援学級での学びを学級内だけで完結させるのではなく，通常学
級を含めた学校生活全般あるいはカリキュラムのなかにどう位置づけるかが問われ
ることになります。先の例でいえば，別室で指導を受けるようになった女児に対し
て，「通常学級でみんなと一緒に学ぶ価値が自分にはない」あるいは「自分がクラ
スにいたら，学習の妨げになって迷惑になると周囲が思っている」から自分は特別
支援学級で学習するのでは決してないということを，当事者である彼女自身が納得
し，同時に周囲の子どもたちや教師・保護者らが共通理解できているかどうかに
よって，そこでの学びは真価を問われるのです。

　カリキュラムを「子どもたちの成長と発達に必要な文化を組織して，全体的な計
画とそれに基づく実践と評価を統合した試み」と定義するならば（田中 2009：3），
たとえば先に挙げた女児の例で，放課後に残ってテスト勉強をすることは，彼女に

とって広い意味でのカリキュラムの一部を成すものであったともいえます。特別支援学級で学習することがクラス集団を離れ物理的に異なる教室で学習するという意味で子どもにとって"分離"の経験となりうることを考えるならば，対症療法的な指導の展開としてではなく，子どもの学びを計画的かつ組織的に構成し，子どもが発達の主人公となり，学習主体として学びを深めていくためにどのような場でどのような学習活動を用意するかを考えることを抜きにして，特別支援学級や通級指導教室が本当の意味で"学びの場"とはなりえないと心得ることが大切でしょう。

　学校という集団生活の場で，自分だけがクラスを離れて別室で学習することが，子どもたちにとって簡単には受け入れがたいものであることは想像に難くありません。現に例として挙げた女児のように「自分だけが特別支援学級に行って学習する」ことを拒む子どもたちが存在することは，その物理的・空間的距離とそれが及ぼす心理的抵抗を埋めることが容易ではないことを示しています。しかし，ここであえて考えてみたいと思います。物理的に"分離"されていなければ，果たして本当に"平等"が実現できるでしょうか。第1節の（1）で紹介した「あの子がいなかったから…」という発言に"排除"の論理が透けて見えていたように，たとえ同じ空間にいたとしても，教師と子ども，あるいは子どもたち同士の間に隔たりは存在しえます。クラスのなかで「あの子がいたら迷惑」と心理的に排除すれば，それは"分離"となりえます。むしろそれは，場を同じくしつつ子どもたちの関係がバラバラに"分断"されている状態といえるかもしれません。大切なのは"分離"の是非を一義的に決めることではなく，「学ぶ場が違っても，自分たちが平等で対等なクラスメイトである」という価値観を育て，教育することではないでしょうか。学ぶ場所，学ぶ内容，学ぶ方法の"多様性"を保障すること，言い換えればその多様性に応じた柔軟性を学校とカリキュラムのなかに織り込むことが，特別支援学級などの存在とそこでの学びを有機的な校内リソースとして位置づけ直す契機になると考えられます。

4　多様な価値観を共有するこれからの学校のあり方

（1）学校全体ですべての子どもの学びを保障する

　京都府立与謝の海養護学校（現，京都府立与謝の海支援学校）の設立に尽力したことで知られる青木嗣夫は，「重度は学校の宝」と位置づけ，小学部から高等部までの全教職員が重度・重複学級にかかわることを求めました。重度・重複という学

校のなかで一番の"しんどさ"を経験している子どもたちの学級こそを，学校教育運営の中心に据えたのです。こうした試みは子どもたちにも響きます。青木の著書では，ある児童の保護者が「お前の部屋の〇〇ちゃんは，障害が重いし大変やろ」と声をかけたところ，子どもが「お母ちゃん，何言ってるのん。うちの〇〇ちゃんが大事にされへんかったら，僕らだって大事にされへんのやで。みんなで大事にせなあかんのやないか」と答えた話が紹介されています（青木 1997：98）。学校全体ですべての子どもの学びと発達を保障しようとするとき，この青木の姿勢や与謝の海養護学校の子どもたちの姿が示唆するものはとても大きいように思われます。学校のなかで，よりしんどさや困難を経験している者が当たり前に大事にされることをみんなが受け入れ，それが自分自身も大事にされることにつながるのだという確信を，今の学校教育は子どもたちに育めているでしょうか。

　障害児教育の文脈で有名な青木ですが，彼は与謝の海養護学校の副校長，教頭，校長を歴任した後，公立中学校の校長としてもその手腕を振るったことはあまり知られていないかもしれません。青木は「クラスで問題行動が起こっても，みんなの中に明らかにできない。明らかにすればするほど，自分の責任として跳ね返ってくる。そういう状況があって，自分の指導に，あるいはお互いに不信感が強まっていくような状況」が学校内に蔓延し，「肉体的にも精神的にも疲れて，生徒の集団づくりなど考えることもできないほど，自分を見限ってしまう」「指導力がないと思い込み，自信がもてない」までに教師たちが追い詰められることを憂いました（青木 1997：133）。そして，学校に教育機関としての本来の機能を取り戻し再生させるために青木が最も力を入れたのが，教職員の集団づくりでした。

　たとえば，学年会の定例化がその一例です。青木は「担任としての自分の力が弱いから自分のクラスに問題行動を起こす子どもがいるのではない」「その弱さを学年としてお互いに補いあいながら，一緒にとりくんでいく」ことの重要性を示し，徹底的に教職員が学年の問題，クラスの問題を議論し，クラスとしての方針，学年としての方針を出していく学年会の定例化を提案しました（青木 1997：139）。今どの学校でも特別支援教育推進の中核として校内委員会が組織されるようになりつつありますが，この校内委員会はまさに青木がめざした学年会のように，その学校としてさまざまな困難を経験している子どもたちの教育がどうあるべきかについて責任をもつ者の集団として確立されたものになることを期待したいところです。冒頭に紹介した"あの子"がいることの現実問題としての教師の学級経営の大変さや苦労が共感的に理解される同僚性のなかで，そこから「誰のための授業か」を問い直していける教職員集団が，すべての子どもの学びを保障する学校として求められる

姿といえるのではないでしょうか。

（2）ホール・スクール・アプローチの発展的継承をめざして

　ホール・スクール・アプローチ（Whole School Approach）は，文字通り，学校全体の責任において，学習上の困難を経験しているすべての子どもに対応することを信条として1980年代にイギリスで展開された実践です。通常学級だけでなく特別支援学級・通級指導教室などの多様な校内リソースを含めた"学校全体"の指導構造を問い直そうとするとき，このホール・スクール・アプローチの精神を発展的に継承させることに一つの可能性を見出すことができるのではないかと考えます。

　たとえば，支援リソースの一つとして筆者が携わっている巡回相談に関していえば，巡回相談の役割は，発達検査というフィルターを通してその専門性を発揮し，子どもの成長に関わる者同士がそれを共有する場を設けることで両者をつなぎ，子どもの見方をより豊かにする契機をつくることにあります。しかしながら，巡回相談がインクルーシブな学校づくりに寄与できるとするならば，それは単に巡回相談が複数の機関やそこで支援に携わる関係者を文字通り包み込む（include）ものであるという理由からだけではありません。巡回相談は，きわめて"個別"的なかかわりの場を，学校という"集団"生活の中に位置づけることを求めるものです。相談を受ける子どもへの配慮，周囲の子どもたちへの説明，教師の動きなどを含めてそれを「どう位置づけるか」を考えることは，学校教育のあり方あるいはそのなかの価値観そのものを問い直すことにつながります。そのなかで，たとえば巡回相談を「特別支援学級に在籍することが必要な子ども」を機械的に選別し，集団から子どもを"排除"するためのシステムとして機能させないために，また巡回相談を受けることがクラスや授業からの"排除"を子どもに経験させることにならないためにどうすればよいかを教師一人ひとりが考えるだけでなく，学校をあげてその支援体制を整える契機を含むものであるからこそ，巡回相談はインクルーシブな学校づくりに貢献できる可能性を発揮できるのです。

　同様に，大勢の子ども・教師が共に過ごす学校という時間・空間のなかで特別支援学級や通級指導教室をどう位置づけるかを考えることは，教師一人ひとりの個々の子どもへの配慮を超えて，学級づくり，校内支援，学校運営のあり方を変えていく契機を内包し，すべての子どもが安心して学べるインクルーシブな学校教育の創造に寄与すると考えられます。それは，子どもの教育的ニーズに応えられる多様で柔軟な仕組みづくりをめざすために，学校教育そのものをどう柔軟に変革していくかという価値観を問い直すことにもつながります。特別支援学級などの校内リソー

スが校内支援の充実をめざすための有効な手立てとなりうる可能性をもちながら，同時に，子どもをクラス集団から物理的に"分離"するという"自己矛盾"的な性格をもつものであるからこそ，そのリソースを学校のなかでどのように位置づけるかを考えることで学校教育や支援に対する価値観そのものを変革しうることが，ホール・スクール・アプローチから継承すべき重要な視点であるように思われます。

インクルーシブな学校とは，一朝一夕で創り上げられるものではなく，長いスパンで変化を認めていくような動的な学校づくりの営みそのものであるといえます。それを可能とするには，発達の筋道に沿った長い時間的な見通しで子どもの発達を捉える子ども観に立脚し，絶えず自らの教育実践を問い直していく教師の，そして学校のあり方が求められます。そのためには，目先の成果だけにとらわれず，子どもの発達の過程，学びの履歴を語り合えることが大切です。そして，教師一人ひとりが子ども観，発達観を転換させていくことが求められます。授業のなかで子ども観や授業観を収束させていくのではなく，子どもの発達と学びの履歴を語る教職員集団のなかで，教師一人ひとりが自分の子どもの見方および授業のあり方，すなわち子ども観と授業観をどう問い直していくかが，インクルーシブな教育を成立させる重要な要件であるといえます。すなわち，既存の学校に子どもたちを当てはめるのではなく，子どもたち一人ひとりが学習主体として，発達の主人公として生きる姿に共感し，その子どもたちに合わせて授業のありよう，学校のありようを常に問い直していくこと，そのたゆまぬ営みを支え励ます学校の指導構造のあり方こそ，我々が継承すべきホール・スクール・アプローチの真髄なのではないでしょうか。

参考文献

青木嗣夫（1997）『未来をひらく教育と福祉──地域に発達保障のネットワークを築く』文理閣.
田中耕治編著（2009）『よくわかる教育課程』ミネルヴァ書房.
ヴィゴツキー著，柴田義松訳（2001）『思考と言語』新読書社.

（窪田知子）

第Ⅱ部
授業づくりに求められる視点

クラスにいる多様な子どもがみんなで学べる授業をつくるにはどうしたらよいでしょうか。

　これまで日本が蓄積してきた授業研究においても，こうした教育課題に正面から向き合い，多くの指導方法が開発されてきました。私たちはそうした先人の遺産をしっかり継承しつつ，新しい教育方法を模索していくことが求められていると考えます。

　そこで第Ⅱ部では，インクルーシブ授業を実践する方法ついて，多角的に検討します。具体的には，すべての子どもが学ぶカリキュラムの開発方法や発達障害等の特別なニーズのある子どもの学習指導の方法など，個々の子どもの学習ニーズとクラス全体で進める教科学習の内容・方法をどのように統一していくかについて考えていきます。

　ここでは，国語を例にしながらインクルーシブな教科指導とは何かといった基本的な整理から，ユニバーサルデザインの指導方法など，近年注目されているトピックスについてまで，さまざまな視点を取り上げています。小・中学校を中心に，日常的に実践されている授業の方法を理論と実践の両面から総合的に論じていますので，インクルーシブ授業を展開する方法論の全体像がわかると思います。

　第Ⅱ部を読んでわかることは，インクルーシブ授業の方法を考えれば考えるほど，子どもの実態と指導すべき内容の間で「教師は悩む」ということです。そして，教師は授業づくりに悩み，揺れながら，変化を厭わない指導姿勢をもつなかで，「授業は子どもとともに創る」という原点を再確認できるのではないかと考えます。

第4章　インクルーシブ授業とカリキュラム論

1　はじめに

　これまでの「通常学級における特別支援教育」においては、通常学級に在籍するニーズのある子どものカリキュラムについては、ほとんど論じられてきませんでした。それは、わが国においては法的拘束力をもつ学習指導要領があるなかで、柔軟なカリキュラムをいかに実現するのかという課題が指摘されているように（清水 2013：145-147），学習指導要領に基づいた教科書の内容を首尾よく教えることが前提とされていたからでしょう。通常学級における特別支援教育に関するこれまでの議論も基本的にこれを前提としています。

　しかし、実はカリキュラムをいかに捉えるのかという点は論者によって幅広く、教育目的実現のための教育の内容と構成を指すという立場や、子どもの経験する学習内容のすべてを含めるという立場など、多様であることが指摘されています（今尾 2010：15-16）。

　では、これからインクルーシブ授業において、カリキュラムには何が求められているのでしょうか。本章では、通常学級に焦点を絞り、これまでと現在の動向も視野に入れながら、考えていきたいと思います。

2　サラマンカ声明において求められる「カリキュラムの柔軟さ」

　まず、インクルーシブ教育においてあるべきカリキュラムの姿について確認しておきます。

　1994年にユネスコ・スペイン政府共催で採択されたサラマンカ声明は、「すべて

の子どもたちを首尾よく教育することができる児童中心の教育学を開発する」ことをインクルーシブ校の挑戦であるとしています。そして,「カリキュラムの柔軟さ」の重要性が強調されています。

カリキュラムの柔軟さ

　カリキュラムは子どものニーズに適合させられなければならず,その逆であってはならない。そこで学校は,さまざまな能力や関心をもつ子どもたちに適合したカリキュラムでの教育機会を準備しなければならない。

　特別なニーズをもつ子どもたちは,通常のものと異なったカリキュラムによってではなくて,通常のカリキュラムの枠内で付加的な指導上の支援を受けるべきである。その指導原理は,すべての子どもたちに,付加的な援助やそれを必要としている子どもたちに支援を準備しながら,(他の子どもたちと,)同じ教育を提供すべきだということである。

　知識の獲得は,たんに秩序だった指導や理論的指導の問題ではない。教育内容は高い基準に合わせられるべきであり,子どもたちがその開発に十分参加できるようにする観点で,個々人のニーズに合わせられるべきである。その指導は,生徒自身の経験と,彼らをよりよく動機づけるため実際的な関心に関連づけられるべきである。

　それぞれの子どもの進歩状況を把握するため,アセスメント手続きが再検討されなければならない。子どもにとっての困難点をはっきりさせ,それらを克服するよう生徒に助力することと同じく,到達できた学習の熟達度を生徒と教師に知らせるよう,形成的評価が通常の教育過程の中に組み込まれるさまざまなパートナーによる支援や役割の適切な調整は,協議や折衝を通じて決定されるべきである。

　それぞれの学校は,すべての生徒の成功もしくは失敗に対して共同して責任を負う地域社会であるべきである。個々の教師よりもむしろ教職員チームが,特別なニーズをもつ子どもたちの教育に責任をもつべきである。両親やボランティアは,学校の仕事に積極的役割を果たすよう勧奨されるべきである。しかし教師こそ,教室の内外で利用可能な資源の活用を通して子どもたちに支援する,教育過程の運営者としての重要な役割を演じうるのである。

出典：http://www.nise.go.jp/blog/2000/05/b1_h060600_01.html

　つまり,大人が教えるべき内容を選定し,それを学問的に系統立てて組織するというやり方ではなく,それぞれニーズの異なる子どもたちが,それぞれ質の高い学びを実現できるよう,子どもたちのニーズに適合したカリキュラムが求められるといえるでしょう。

　しかし,「子どものニーズに適合」したカリキュラムといわれてもピンとこないのが実情ではないでしょうか。そこで,現在の特別支援教育の延長線上に,こうしたインクルーシブ教育はあるのかという検討から始めていきたいと思います。

第4章　インクルーシブ授業とカリキュラム論

3　「通常学級における特別支援教育」のこれまでの実践

　障害のある子どもの教育制度が，驚くほどの速さで変化しています。2007（平成19）年の特別支援教育，そしてインクルーシブ教育へと移行するといいます。

　かつて，筆者が大学院生であった頃，「21世紀の特殊教育のあり方について――一人一人のニーズに応じた特別な支援の在り方について――」（最終報告）が公表されました。履修者5名ほどの少人数の講義でしたが，授業15コマのほとんどを費やしてこの報告書を丹念に読みました。報告書のなかの「学習障害児，注意欠陥／多動性障害（AD/HD）児，高機能自閉症児等通常学級に在籍する特別な教育的児童生徒等に対する指導の充実を図る」という記述に触れた時の担当教師の驚きようが印象に残っています――「文部省がここまでいいましたか」と。不勉強であった筆者には，記述の重大性よりも，担当教員の驚きぶりの方が印象に残っています。

　さて，この記述が平成19年の特別支援教育から本格的に実施にうつされました。当初，現場の教師からの驚き，不満，反発は強かったように思います。批判の中心は，現在の多忙に加え，さらなる業務負担であることと，学習障害，注意欠陥多動性障害といった障害とその支援についてのわからなさからきていたのではないでしょうか。

　あれから8年が経過した現在では，ニーズのある子どもも含めた通常学級における授業実践が多く報告されています。発達障害という理解が広まることによって，たとえば授業場面で学習に向かうことができず，自分の世界に入り込み時折大きな声を発する児童に対し，教師は支援の手がかりを得ることになりました。子どもが授業に参加できないのは「見通し」が立たないせいではないか，教室が散らかっていて，学習に向かう環境になっていないのではないか，といった具合に。

　こうした子ども理解と支援方法が了解されてくると，子ども理解と支援方法がいわばパッケージ化され，独り歩きするようになっていったと思います。診断名を頼りに，場合によっては子どもの行動の特徴を頼りに，「この子はADHDだから○○すべき」「この子はアスペルガーだから○○すべき」といった具合に。

　また一方で，特別なニーズのある子どもが学級において学ぶ姿からは，「学級が落ち着いていると，ニーズのある子どもも落ち着いている」ということが確認されていきました。つまり，学級における全体指導との相互関係のなかでのニーズのある子どもが意識されてきました。こうして学級指導とニーズのある子どもへの指導

第Ⅱ部　授業づくりに求められる視点

との，いわば一致点を集約したものが授業のユニバーサルデザインであったといえるでしょう。一口に授業のユニバーサルデザインといっても，論者や実践者により指し示す内容は様々ですが，①スケジュールの提示，②明瞭でわかりやすい話し方，③教室掲示等の環境整備などです。授業のユニバーサルデザインは学校現場において大きな広がりを見せており，もはや支援のための共通言語となっています。

　ここで押さえておきたいことは，通常学級における障害のある子どもへの支援を考えるとき，通常学級に根づく指導方法と共通する手だては，比較的容易に受け入れられてきたということです。逆にいえば，通常学級の教師にも実施が可能であったからこそ，ここまでの広がりを見せたのであり，たとえば新任の教師に身につけてもらいたい指導技術でもあります。

　一方で，一般に授業のユニバーサルデザインとされている事項を実施していないにもかかわらず，ニーズのある子どもが身を乗り出し，参加する授業が多くあることは，どの教師も承知していることでしょう。

　たとえば，ある教師は，一斉指導の際にも声がとても小さく，教室の後ろで参観していると，耳を澄ませておかないと聞き取れないほどでした。恐らく授業のユニバーサルデザインの観点からみると，「教師の発言は短く明瞭に」すべきだったと思います。しかし，しばらく授業を見ていると，その理由がわかってきました。子どもたちが教師の発言を聞きたいと思っており，教師の声を聞くために教室がシーンとしているのでした。

　このように，インクルーシブ教育に向けた「よい指導」として特定の教授方法を一般化することはできないと考えます。たとえばグループ学習を取り上げても，「できる（とされる）子ども」が「できない（とされる）子ども」に対して教えることによって学習習得の効率化ばかりを意図するものであれば，インクルーシブ教育に向けての手立てとはいえないでしょう。

4　日本が向かおうとしているインクルーシブ教育への懸念

（1）「インクルーシブ教育報告」の概要

　日本の教育行政でいうところのインクルーシブ教育とは，特別支援教育の延長線上に位置づけられています。行政施策の一貫性という観点からも，これまでの特別支援教育の施策とのなだらかな移行を意図するのは当然のことでしょう。

　文部科学省によれば，インクルーシブ教育システムとは，「人間の多様性の尊重

等の強化，障害者が精神的及び身体的な能力等を可能な最大限度まで発達させ，自由な社会に効果的に参加することを可能とするとの目的の下，障害のある者と障害のない者が共に学ぶ仕組み」のことです。

わが国の障害のある子どもへの学校教育制度が，特別支援教育からインクルーシブ教育システムへと変わろうとしています。この背景にあるのは，2014年2月に日本も批准に至った障害者権利条約をめぐる動きです。

教育に関する条項は第24条であり，要点はインクルーシブ教育，合理的配慮の2つにまとめられます。

第一のインクルーシブ教育に関しては，「学問的及び社会的な発達を最大にする環境において，完全な包容という目標に合致する効果的で個別化された支援措置がとられること」とされています。また，条項のなかに「個人に必要とされる合理的配慮が提供されること」とも明記されています。第二の合理的配慮については，「障害者がほかの者との平等を基礎としてすべての人権及び基本的自由を享有し，又は行使することを確保するための必要かつ適当な変更及び調整であって，特定の場合において必要とされるものであり，かつ，均衡を失した又は過度の負担を課さないものをいう。」（第2条），「障害に基づく差別には，あらゆる形態の差別（合理的配慮の否定を含む。）を含む。」（第2条）とも記されていました。

条約の批准にあたっては，これらの2つの要点を障害のある子どもに関する教育場面において担保する制度にすることが求められます。より具体的には，次の3つをどのようにクリアしていくのか，「共生社会の形成に向けたインクルーシブ教育システム構築のための特別支援教育の推進（報告）」（平成24年7月23日）という報告書において，文部科学省の方針が示されています。

第一は，就学のあり方です。子どもの障害に焦点を当て，この障害の種類と程度に基づいて就学先を決めてきた制度から，障害のある子どもやその保護者も，子どもの就学先を自由に選択できるようになるということです。

第二は，地域におけるインクルーシブ教育システムの実現です。たとえば小学校に在籍する障害のある子どもが，地域のリソースを利用してニーズに応じた指導が受けられるような仕組みをどう作るのでしょうか。たとえば，特別支援学校に在籍する子どもが，居住地の子どもたちと交流をもてるような機会をどう保障していくのでしょうか。

第三は，合理的配慮の提供です。障害のある子どものニーズに応じて，どのような合理的配慮を，誰が，どのように提供するのか，また合理的配慮の内容はどのように決めるのでしょうか。要は三者の合意が重要であり，その内容を個別の教育支

援計画に記述することが求められます。

　合理的配慮の検討は，全国各地のモデル事業を通して実施されています。2013（平成25）年度から3年間にわたる全国の報告をインターネットで公開し，それらを参考にしながら各自治体，学校，保護者等が個々の事例に即して合意していくことになるでしょう。

（2）「インクルーシブ教育報告」とインクルーシブ教育

　今回のインクルーシブ教育で注目されるのは合理的配慮です。合理的配慮は障害のある児童生徒等に対して教育場面において不利が生じることを防ぐために提供されるものであり，インクルーシブ教育を進めていくうえで重要な概念です。特別支援教育の時代における「通常学級における特別支援教育」の受け止め方を考えてみると，この合理的配慮が果たしてインクルーシブ教育に資する形で運用されていくのかどうか疑わしいと筆者は考えています。

　というのは，支援員が配置されたり，通級指導の制度が行き渡ったり，そうしたスピードよりはるかに速く，学校は合理的配慮への対応を迫られることになります。これが何を意味するのか……「現状でできることのなかから，合理的配慮を抜き出すこと」ではないでしょうか。つまり，授業のユニバーサルデザインとして広く了解されている内容から抜き出すということです。

　授業のユニバーサルデザインとして挙げられているなかにも優れた指導技術は多いことは事実です。しかし，あくまで「インクルーシブ教育という文脈における合理的配慮」であることを肝に銘じておかなければ，合理的配慮を提供しさえすればよい，つまりインクルーシブ教育は合理的配慮によって実施される，という誤解を生じかねないのではないでしょうか。

　合理的配慮としては，「子どもが困っているから」「温かく見守る」といった曖昧な要素を含んだ言葉ではなく，提供すべき支援が明示されることになると思われます。支援の手立てを共通理解することが容易になる一方で，それぞれの教師が子どものニーズを捉えて支援するという文脈が現場では弱まる可能性も考えられます。

　合理的配慮を実施していれば，その子どもへの支援ができていると考えたり，さらにいえば，合理的配慮として記述されていない内容や合理的配慮が特に記述されていない子どもについては，支援しなくてもよいという誤解を生みかねないということに留意しておかなければならないのではないでしょうか。

第4章 インクルーシブ授業とカリキュラム論

5 インクルーシブ教育を支えるカリキュラム論とは

　では，これらの点を踏まえつつ，ある小学校4年生の学級での研究授業をヒントに，インクルーシブ教育におけるカリキュラム論について考えてみたいと思います。

――― 実践の概要 ―――
　ある国語の授業を見せていただきました。虐待が疑われる複数の子どもも，自閉症と診断されているという子どもも，担任教師による説明がなければそうとわからず，安心感を抱いて学習に向かっている学級でした。なかでも，虐待が疑われるA君は，2年前にはクラスメイトとのトラブルも多く，席に座っていることもできず，とても学習に向かえる状態ではなかったといいます。教師はA君が教室の後ろに寝そべっていても，危険なことがあれば注意を与えるだけで，見守り続けたそうです。その後A君は教師に対して信頼を寄せるようになり，常に「おんぶ」を求めたのだと聞きました。
　研究授業はどうだったのでしょうか。事前にいただいた指導案では，教師が用意した動物に関する読み物教材を題材に，それを要約してブックガイドを作成するというものでした。しかし，当日は内容が大幅に変更されていました。それは，子ども一人ひとりが自分で選んだ動物に関する本を3年生に紹介するためのブックガイドを作るという内容でした。担任教師によれば，教師が用意した教材のプリントを配布した途端，子どもたちの表情が曇ったのだといいます。そこで，いったん配布した資料を回収し，自分で選んだ本を紹介するブックガイドを作るという内容に組み替えたのだそうです。
　授業当日までに，子どもはすでにガイドブックの原案を作成しており，手本となる二つの要約を見比べながら，「要約をするためのポイントは何か」を一人で，グループで，学級全体での学びの中から明らかにし，それらのポイントに照らして自分のブックガイドを修正していく展開でした。
　その授業では，A君は誰よりもガイドブック作成に興味を示し，紹介する本を懸命に読んでいるとのことでした。

（この授業から得られた学びは実に多いものでしたが，本論のテーマであるカリキュラムに関する部分を取り上げて概要を記しました。）

（1）学びのプロセスの保障
　教師が抱く該当学年に求められる子ども像を一方的に押し付け，席に座れないからといって叱責したり，またA君の成長を諦めることはしていません。A君は，「寝そべっていても，そこにいることを肯定されること」「教師の背中におんぶされ

ること」といった，存在を肯定されること，教師との信頼関係を築くことを抜きにして，果たして2年後の学びの姿があったでしょうか。その時々において子どもの「声にならない要求」をくみ取り，応答した結果がその後の国語授業へと向かう姿へとつながったのでしょう。

　インクルーシブ教育においてカリキュラムを考えるとき，サラマンカ声明で述べられた「子ども中心の教育学」であること忘れてはなりません。子どもが経験した学習のすべてをカリキュラムとするならば，叱責されて自己を否定的に捉えること，期待されない自己を知ることが，カリキュラムであってよいはずがありません。子どもにとって必要な学びのプロセスを保障するという視点が重要であると考えます。

(2) 単元・テーマ・課題の設定と学びの価値

　この単元のねらいは，「要約の方法を学ぶ」ことであり，それに向かう具体的な題材は必ずしも教師が用意した教材である必要性はありませんでした。単元の設定において，子どもにとって学ぶ価値があり，かつ文化的な教材であることが担保されています。

　先の授業では，子どもたちにとっては，教師により示された教材は，まったく興味をそそられなかったのだといいます。そもそも教材が難解であり，「それでも読みたい」と思わせるものではなかったのでしょう。そこで教師は，紹介する本を子ども一人ひとりが選択することにしています。子どもが本を選ぶといっても，乏しい選択肢の中から選ぶことが求められていたのではありません。教室のロッカーの上には数百冊にも及ぶ動物に関する本が用意され，子どもたちが豊かな蔵書のなかから選びとることができるよう準備されていました。

　学びにどっぷり浸かる環境が教師により意図的に用意されたなかで，自分にとって価値のある学びが展開されることが大切でしょう。

(3) 他者へと学びが開かれていること

　先の実践では，学習のプロセスにおいて，「ひとりで考える―グループにおいて自分の意見を述べたり確認する―学級全体の中で意見を発表したり聞いたりする―ひとりで考える」といった活動が組織されていました。教師が伝えたい内容を効率的に習得することが求められているのではなく，学び合いのなかで自分の意見を確かめたり，修正したり，共感したりといった，他者との応答関係のなかでの学びが想定されていました。また，ブックガイドを作成するのは，3年生の児童に紹介するためでした。

カリキュラムでは，学びのプロセスや成果の披露などにおいて，他者とのつながりのなかで共感し合いながら学ぶことが想定されるべきでしょう。

（4）教師の当事者性

本書第1章において，湯浅はインクルーシブ授業を支える基盤として「学習の当事者性」について論じています。この議論をカリキュラム論に引き継ぐならば，教師が子どもの背景を理解し，表情を読み，子どものわかり方に応じた支援を応答的に子どもとともに生み出していくという，子どもに相対する教師自身の当事者性が問われるのではないでしょうか。つまり，子どもとの応答関係のなかで自らの実践の意味を問いかけ，提案を再検討したり，うまくいかなければそれはなぜかと悩み，多様な授業形態を取り入れていく等の方法を編み出していく，といった自らが子どもを理解し，支援の手立てや活動を考える主体であるという認識なくしては，インクルーシブ教育実践は実現できないのではないでしょうか。

この実践においても，教師の側には明確な意図があり，子どもとともに授業を作るという教師の当事者性がなければ，子どもの曇った表情を理由に配布したプリントを回収し取り扱う教材を子どもの選択にゆだねる行為はできなかったといえるでしょう。

6 おわりに

インクルーシブ教育を支えるカリキュラム論とは，子どものニーズが多様であることを前提とし，個々や集団との応答関係の中で学びのプロセスを編む作業であるといえるでしょう。

我々は「多様」であることをどのように知っているのでしょうか。「いろんな人がいる」「いろんな学び方がある」「いろんな感じ方がある」——そして，それぞれが成長や学びの主役であるということを，どこまで了解しているのでしょうか。

参考文献
今尾佳生（2010）「教育課程の意義」加藤幸次編『教育課程編成論』玉川大学出版部.
清水貞夫（2012）『インクルーシブ教育への提言——特別支援教育の革新』クリエイツかもがわ.

（石橋由紀子）

第5章 すべての子どもが「わかる」授業づくりの方法論

1 授業の「わかりやすさ」と多様な参加

(1) 授業の「わかりやすさ」をつくり出す方法論

　特別支援教育の開始から，発達障害の子どもについてのかかわり方，授業方法などの研究は盛んに行われています。けれども，教室のなかで起きている現実に対する成果は必ずしもあがっているようには思えません。特別なニーズをもつ子どもは，授業中わからなくなると友だちにちょっかいをかけたり，授業を妨害し，教室から出て行くこともしばしばあります。さらには，授業が始まっても教科書やノートを出さず，ボーっとしたり寝たりしている姿が見られます。

　こうした現状に対して，授業を構造化する実践が展開しています。それは，TEACCHプログラムやユニバーサルデザインの授業づくりにおいて試みられています。たとえば，ユニバーサルデザインの授業づくりは，「特別支援教育のノウハウ」を通常学級に取り入れ，特に，発達障害児の「わかりにくさ」に焦点をあて，そうした子どもだけではなく，「すべての子ども」を対象に指導方法の開発を試みています。特徴として，「視界によけいな情報（刺激）を入れないように，黒板の周りの掲示物を取る」「学習内容や教師の指示内容がわかりにくいときには，イラストを用いて視覚的に理解できるように支援する」「板書の仕方や問いかけの方法を統一し，何が重要事項で，何が問われているかがわかりやすいようにする」などが試みられ，子どもたちが混乱することのない学習参加へ向けて構想されています（新井 2012b：64-65）。そうすることで，特別なニーズをもつ子どもの授業への参加を促すことができるのです。このように，不安な点を解消し，すべての子どもが「わかる」ように授業の「わかりやすさ」が求められています。

（2）授業の「わかりやすさ」が招く方法論の課題

　ユニバーサルデザインの授業づくりについては，肯定的な評価とともに，課題も指摘されています。第一に，従来からの授業スタイルである「一斉教授」を効果的にするためのテクニック集になる危険性が指摘されています。ユニバーサルデザインの授業づくりは，「授業の構成・教材・展開から教師の発問や板書，机間指導の方法に至るまでの教授方法を『一つのパッケージ』にして提示するといった特徴」が考えられます。けれども，多様な子どもが集団の中で学び合う視点はあまり強調されておらず，「『わからない』で『落ちこぼれていく』子どもが出ないようにする」教師の指導の「テクニック」集として位置づいてしまう危険性が挙げられています（新井 2012a：183-184）。

　第二に，特定の授業スタイルを強いることで，そのスタイルになじまない子どもを排除してしまう可能性が指摘されています。ユニバーサルデザインの授業づくりで強調されている，板書や教材の提示の仕方といったスキルの部分が注目され，機械的に応用される恐れや，挙手の仕方や教科書の持ち方までも統一させるなど，学習上の規律を重視する考え方もあります。ユニバーサルデザインの授業づくりにおいて取り組まれている授業スタイルのみが強調されると，それに適合しない子どもの排除にもつながります（荒川 2013：26-27）。

　このように授業を構造化することは，特別なニーズをもつ子どもにとって有効な視点です。けれども，「テクニック」やその授業スタイルのみが強調されると子どもの主体性が失われ，教師が子どもをコントロールするための手段になってしまいます。構造化することで，「わかりやすさ」を招く手段にはなりますが，そうした「テクニック」や授業スタイルを「目的」にしてはいけません。「構造化された環境のなかで『子どもが誰と，何を行い，何を学ぶのか』という視点」を実践のなかに位置づけ，特別なニーズをもつ子どもが授業のなかで自分のニーズと向き合いながらも，「『わかる』実感，『できる』経験，『またやりたい』という気持ち」を育てていくことが大切です（奥住 2012：143）。教師が特別なニーズをもつ子どもの参加をめざし，「わかりやすさ」を追求することは重要ですが，すべての子どもがそうした授業方法にあてはまるわけではありません。

（3）特別なニーズの視点からみた参加のあり方

　発達障害の子どもにとって，「次に何をしたらよいのか」「いつまでやるのか」といった授業展開の全体像をつかめない困難さがあります。このことは，発達障害の子どものみならず，通常学級の子どもにとっても課題です。そのため，授業を構造

化することが注目されています。

　A県B小学校の算数では，「つかむ」「さぐる」「ねりあう」「いかす」といった段階を設定し，授業に見通しをもたせ，学び合いを生み出す授業展開のリズムをつくり出しています。2年生「繰り上がって二十何になるたし算の仕方」の授業の最初の「つかむ」段階では，問題文の「チューリップが17本さいています。あと4本さくと何本になりますか」において，教師は，「見通しとして，大事な数字と大事な言葉を言ってもらっていいかな？」と述べ，子どもたちが数字や言葉を発表し，その手がかりから，式を求めさせていました。本実践では，授業過程の流れや手順を見通しとして視覚的にするだけではなく，そこには，全員でその見通しを確認し合い，全員が見通しをもつという見通しの「もたせ方」「考え方の共有」が見られました。ここでは，17＋4の問題から4本増えることが確認され，プリントに見通しを書かせていました。そうすることで，今，考える対象（問題）を全員で共有，確認し合うことにつながっていました。その際，大事な数字や言葉に線を引くことも同時に行われ，単に問題を解きやすくするだけではなく，全員がその情報を共有し，問題文とは関係のないところでつまずかせないようにしていました。

　けれども，特別なニーズをもつ子どもがいる場合，授業を構造化することだけで困難が解消されるわけではありません。そこには限界があるのではないでしょうか。この2年生の算数の授業展開において，見通しをもたせる授業方法は特別なニーズをもつ子どもにも有効であったと考えます。けれども，見通しをもたせ17＋4の式を導き出させても，そもそも本授業のポイントである「10をひとまとまりにすること」がわかった上で授業が進められていました。そのさい，「10をひとまとまりにすること」が「わからない」子どもについて留意する必要があります。実際，問題を解かせて，子ども同士を交流させていたとき，教師は平行して特別なニーズをもつ子どもに個別指導していました。こうした特別なニーズのある子どもの存在から，見通しをもたせることで，いかに問題文の重要な言葉や数字，さらには解き方が足し算だとわかったとしても，今回の授業から，「10をひとまとまりにすること」が「わからない」子どもに対してどのような手立てが求められるかも問い直す必要があります。

　特別なニーズをもつ子どものために求められる手立ての一つに「取り出し指導」があげられます。この2年生の実践のように，一斉指導場面や全体で交流している間に平行して個別指導を行うことや，特別な場（通級指導教室や特別支援学級）での指導も考えられます。そのさい，以下の3つが大切です。

　第一に，通常学級での集団づくりが重要になります。この2年生の学級でも特別

なニーズをもつ子どもが特別な場で学ぶ時は，自然に周りの子どもから「○○さん，いってらっしゃい」などの声がかけられていました。こうした仲間を意識し，大切にする関係性を高めることが重要です。第二に，生活と学びの共通性と多様性の保障です。一斉授業や全体で交流する時の個別指導をはじめ特別な場での学びなど，特別なニーズをもつ子どもは，別のカリキュラムでの学びが求められます。この2年生の実践では，朝の会や帰りの会，学級活動などの共通の場面が大切にされ，学びにおいては同じ内容の学習課題（たとえば，プリント）が共通に使用された上で，個々の能力や実態に即して個別に進めたり，コースに分かれたりすることが試みられていました。第三に，教師同士の連携が不可欠です。特別なニーズをもつ子どもの特別な場での学びは，教師同士が連携し，その子どものニーズを多面的に把握し，共有し合うことで，よりよい指導を導き出すことができます。また，その子どもの特別な場でのがんばりを通常学級でも発揮させたり，通常学級の子どもたちに紹介したりするように心がける必要があります。こうした特別なニーズをもつ「わからない」子どもに対する手立ての充実のもと，多元的な参加の構想がより一層求められます。

2　授業における「わからない」子どもの参加
――「わからない」発言の課題

（1）「わからない」発言の捉え方

　授業において「わからない」子どもをどう参加させればよいのか。これまで「わからない」子どもの参加へ向けて，子どもたちから要求される「わからない」発言が問われてきました。

　授業中，教師の説明や指示などが「わからない」ため，子どもたちが直接「わからない」と発言すること以外にも，「おかしいと思ったこと」「わからないこと」に対しては，ただちに「ストップ」と授業を止める要求の発言がなされたり，「わからない」子どもがいれば，一緒に考えるために，「班でもっと考えさせてくれ」と要求したりと，これまでさまざまな形で「わからない」発言がなされてきました。こうした「わからない」発言とは，学習する権利の表明でもありました。また「わからない」発言は，教科内容の習得をめざして自分自身を秩序づけるとともに，教師への学習要求や子ども同士への学習要求として現れる学習規律との関係で捉えられてきました。このような「わからない」発言をするために，「わかる」ことへ向

第Ⅱ部　授業づくりに求められる視点

けて自主的・共同的な学習体制をつくることがめざされてきました（吉本 2006：137）。

　1970年代には全員参加の授業づくりをめざし，自主的・共同的な学習体制をつくり出すことが議論されていました。こうしたみんなで「わかる」ことをめざすなかで「わからない」発言が注目されたのです。

（2）「わからないことをわからない」と発言する難しさ

　確かにこれまで，みんなで「わからない」と表明する学習体制の確立がめざされてきました。しかし，そのような取り組みをしても，特別なニーズをもつ子どもを支えきれない場合があるのではないでしょうか。そこで，特別なニーズをもつ子どもの視点から，「わからないことをわからない」と言い合える集団づくりが求められます。

　そもそも，「わからないことをわからない」と言える子どもは，自分がどこからどこまでがわかっていないかを理解できている子ども，または，「〇〇がわからない」と言える子どもです。むしろ，「どこがわからないかもわからない」子どもも視野に入れて教師は考える必要があります。また，「わからない」発言をして授業を止めて，教師や他の子どもに教えてもらってもわからない場合があります。この場合，わからない時の惨めさや「わからない」の表明によってその子どもが傷つくのです。これらの問題に対して，「わからなさを表明しようとしている」子どもの「わからなさ」を応答する側が想像しながら，その「わからなさ」を代弁する仲間と，その代弁した内容が正確かを代弁の対象となった子どもに確認することで，「わからなさ」を公の場に引き出し，みんなで共有し，共に解決していくことが求められます（福田 2009：52-53）。このように，「わからないことをわからない」と言い合える集団をつくることで，特別なニーズをもつ子どもも安心して授業に参加しやすくなるのではないでしょうか。

（3）「わからない」を際立たせる授業づくりの今日的意義

　授業でわからなくなり，つながりがもてなくなると，特別なニーズをもつ子どもは，周りの友だちにちょっかいをかけたり，殴ったりなどのトラブルを繰り返してしまいます。こうした「問題行動」が表面化することに，実践現場では日々苦労が絶えません。そのため，授業中，とりあえず落ち着いて席に座っているかが重視されているのではないでしょうか。授業を参観して特別なニーズをもつ子どものことを聞くと，先生方から「以前に比べておとなしくなった」という言葉を耳にします。

けれども，そうした場合，特別なニーズをもつ子どもは，教科書は開かず，ノートやプリントに書くわけでもなく，ぼーっとしたり，寝ている場合もあります。これは，以前は「わからなさ」が「問題行動」として表出していたのに対して，「わからなさ」すら表出せず，教師や周りの子どもに対しても「わからなさ」を表出する意欲がなくなり，学級に適応しているように見えて「関係ない」存在になっています。つまり，授業に「出席」していても，「参加」していないのです。

こうした「わからなさ」の表出を子ども自身に放棄させるのではなく，積極的にその「わからなさ」を際立たせる試みがあります。A小学校2年生の算数では，問題について「わからない」子どもの対応として，教師が全員の子どもに「ちょっと難しい？　……一個ぐらい問題を一緒にやった方がいい人は前においで，一緒にやろう」と誘っていました。そうすることで，自分から，「わからない」と言いにくい子どもは，自分以外にも「わからない」子どもがいることで前に行きやすくなり，結果，6人ほど黒板の前に集まっていました。

学級全体で共通の問題に取り組んでも，問題が難しい場合は，「わからない」子どもたちを黒板の前に集めて確認する方法も有効でしょう。このように，「わからない」のは一人ではなく，集団として組織することで「わからない」が出しやすい雰囲気になっていました。

次に，大半の子どもが問題を解けた頃合いを見て，教師は「問題が解けてその説明が言葉でもできた人は青」「問題は解けるが，その説明ができない人は黄」「問題が解けない人はピンク」というように，洗濯ばさみの色を指示し，子どもたちはその色の洗濯ばさみを胸ポケットにつけていました。続いて教師は，「青の人は，ピンクの人，黄の人にちゃんと説明してください」と指示していました。「わかる」「わからない」が際立つことで話し合いがしやすいように，色の洗濯ばさみをつけ，教え合うように仕組んでいたのです。子どもたちも相手を見つけて一生懸命に教え合っていました。

授業のなかで「わかる」「わからない」が生まれた時，「わからない」子どもはわかるように教えられますが，「わかっている」はずの子どもたちにも有効です。それは，「わからない」子どものわかり方に寄り添いながら考えることで「わかっている」はずのことも見直すことになり，より深く「わかる」ことにつながります（田中 2013：110）。

そのさい教師は，「わからない」子どもが「わからん」と投げ出さないように気を配っていました。また，「わからないから教えて」と言える関係を大切にし，「わかるから教えてやる」ことには注意を払っていました。その取り組みに，毎回，青

が「わかる」子，ピンクが「わからない」子として，「わからない」子どもの固定化にならないように，色は毎回変えていました。また，友だちから教えてもらってわかれば，色を変えることができます。色が変われば「教える」側にもなります。また，「わかる」子どもにとって友だちの色が変わることで，自分の説明によって変わったと実感できます。そのような工夫も行われていました。

ただ留意点として，たとえ色を変えたとしても，「わからない」が際立つことで，毎回「わからない」子どもは固定化してしまいます。このような「わからなさ」を特別なニーズをもつ子ども本人や周りの子どもたちがどう意識していくかが課題です。

3 「わからなさ」を意識化した学習集団──学習集団内の関係性の組み替え

特別なニーズをもつ子どもの個別のニーズへの対応は，当然のことです。けれども，個別の指導だけを考えるのではなく，その子どもを取り巻く周りの子ども（集団）に対する指導も求められます。通常学級における発達障害の子どもへの支援に関する研究動向によると，「学級等の『集団』を視野に入れ，教師と子ども，子どもと環境，子ども同士等さまざまな『関係性』に着目した研究課題」が提示され，「この『集団』や『関係性』は通常の学級における発達障害の子どもへの支援に関する今後の重要な課題を表すもの」であると指摘されています（司城 2013：98）。授業を成立させるためにも，特別支援教育において「集団」や「関係性」をはじめ学級づくりを考えていくことは，すでに述べられてきました（湯浅 2009など）。なかでも注目したいのが，特別なニーズをもつ子どもへのレッテル貼りによる日常的な人間関係のゆがんだ形での固定化です（佐藤 2006：102）。

すべての子どもが「わかる」授業づくりの成立においても，当然，学級とともに学習するための集団である学習集団内の関係性が基盤となっています。けれども，「教える」-「教えられる」関係や，「わかり方の遅い」子ども，「わからない」子どもが学習集団内において固定化してはいないでしょうか。こうした問題からすべての子どもが「わかる」授業づくりにおいても学習集団内の関係性を組み替える試みが注目されます。

（1）学習集団内における「競争的価値」の組み替え

「できない」より「できる」，「遅い」より「早い」方がよいとする競争的価値観

に支配されている学習集団では，特別なニーズをもつ子どもの位置は固定化してしまいます。そうした価値をつくりあげてしまうのは，教師の指導にも現れます。

たとえば，教師の評価も，授業中ある子どもの発言を肯定的に評価したつもりでも，それ以前に発言した子どもにとっては否定的な評価に聞こえてしまいます。こうした評価一つをとっても，子どもたちは「比較」し，「できない」より「できる」という「競争的価値」へ囚われてしまうのです（深澤 2005：14-15）。

通常学級の自閉症をめぐる課題と教育実践についての論考には，次のような記述が見られます。「自閉症児の多くは，○か×か，全か無かという視点でものごとを評価する特性があります。その結果，○は『良いこと』で×は『悪いこと』，勝つことは良いことで負けることは悪いことなど，2分的な評価をしがちです。…［中略］…多くの自閉症児は勝つことは良いことで負けることは悪いことと評価するため，勝てば自己肯定感は上昇し，負ければ下がります。その結果，自分が勝つまでゲームを終わりにしない行動，勝った相手に厳しいことばを吐く行動，負けたゲームは2度と挑戦しない行動などの『問題行動』につながりやすいのです」（奥住 2012：144）。こうした自己肯定感をめぐる問題があります。

このような問題から，自閉症児には，「競争に勝ち他人より優れたところをもつことで保たれる『競争的自己肯定感』」（別府 2008：26）の評価基準について明確な理解がありますが，「何もできなくても自分がそこにいてよいと感じられる，自己のかけがえのなさに基づく『共感的自己肯定感』」（同上）の理解については困難があります。そのため，次のような指摘があります[1]。「共感的自己肯定感を高められる状況を周囲（教師）が意図的に設定する必要があると思います。そのなかで，教師との約束を守ることができた，ルールに従って活動できた，友だちに先に譲ることができた，負けを認めることができた，活動のなかで役割を果たすことができたなどの実感を積み重ねながら，子どもの共感的自己肯定感を高めていくのです」（奥住 2012：144）。このように「競争的価値」を組み替え，特別なニーズをもつ子どもをはじめ，すべての子どもが自己肯定感を高められる取り組みが求められます。

（2）「教え合い」から「学び合い」へ――授業における関係性の組み替え

学習集団内の関係性の組み替えを考えるさい，特に，授業づくりにおいて「教える」－「教えられる」関係の固定化という課題が見られます。なかでも，特別なニーズをもつ子どもは，「教えられる」子どもとして関係性がつくられています。近年の研究には，こうした関係性を組み替えるために示唆を与えてくれるものがあります。たとえば，自閉症スペクトラムの子どもが在籍する小学校5年生の国語科

の授業（単元名：「自分のお気に入りを紹介しよう」）では，自閉症スペクトラムの子どもは，自分の好きなガンダムを紹介することで，伝えるための工夫や話を考えたり，他の子どもの発表も聞くようになっていきました。また，話を聞くことで，他の子どもの説明のわかりにくさを質問するようになり，他の学習者も説明のあり方を問い直すことにもつながっていきました。さらに，周りの子どもたちも自閉症スペクトラムの子どもの説明や絵の上手さから，その子どもに対する否定的で一面的な見方が変わり，ほめる言葉も生まれていきました（原田 2013：72-73）。こうした固定化した関係性の組み替えには，その子どもの良さを引き出し，教科内容と関連づける視点が重要です。

　また，学習集団内の特別なニーズをもつ子どもの「遅れた理解」や「つまずき」に着目した研究から，「個々の子どもの実態が違う集団内での関わり合いというのは，早く理解した者が理解が遅い者に対して，ただ『教えてあげる』という効率性を求めるのではない。特に，教師側の都合により，教師の補助的な役割を担わせたりするなど都合よく関わり合いを求めることではない。『つまずき』のある子どもと理解が早い子どもとを教師の問いかけが媒介となり関わり合わせることで，ときには両者の入れ替わりがあり，解釈を共有していくこと，仲間としての感情を共有していくことにつながるのである」（岡 2007：89）という指摘がなされています。このように，「教え合い」の形態を読み解き，関係性を組み替える「学び合い」への転換が必要です。

（3）「つながり」のある学級づくり

　「競争的価値」の組み替えや授業における学習集団内の関係性を組み替えるのは非常に重要な視点です。こうした組み替えをするさい，基盤となるのが学級です。A小学校2年生の実践でも，重要な視点が2点析出されました。

　第一に，朝の会での「つながり」の回復の視点です。学級担任の教師にとって朝の会の健康観察の時間は，子どもたち一人ひとりに一日一回は絶対に声をかける機会と位置づけられていました。そのさい，次のような特徴が見られました。教師は，「○月○日，Aさん」と述べ，Aさんは，「ハイ，元気です」と応えました。次に，教師は「Bさん」と述べると，Bさんは，「咳が出る」と応えました。教師は心配そうに「ホントやね，鼻水出よるね」と言い，周りの子どもたちもBさんを少し気にかけている様子が見られました。続けて，教師は「Cさん」と述べました。Cさんは不登校傾向の子どもです。この日も，まだ学校には登校していません。すぐに教師は，「今日はお昼ぐらいかな。昼ぐらいに来ると思います」と全員に話してい

ました。不登校傾向のＣさんの状況を隠すのではなく，学級の一員として，しっかりと位置づけ，全員に「Ｃさん」がいつ来るのかまで話していました。他の日でも，教師は，「お休みはいません。……Ｃさんが来ると思います。また気持ちよく笑顔で迎えてください」と話していました。

この取り組みでは，一人ひとりの子どもが気にかけられ，すべての子どもの状況が学級全体に共有されていました。また，子どもたちにとって，たとえ自分が休んだときも，無視されないし，気にかけられているんだなという空気が醸し出されます。こうした取り組みによって，「つながり」のある学級へと高められるのではないでしょうか。

第二に，「つながり」をつくり出す学級づくりの視点です。夏休み明けの「係決め」の時，教師は，「これまでの係でいいのかな，たりるのかな？」などを確認していました。さらに，「みんなでやってもいいんじゃない？」「日直がやったらいいんじゃない？」などとゆさぶり，係の改変を促していました。たとえば，「なかよし係」が子どもから提案されました。ケンカがおきたら止める係です。この意見に子どもたちも大方賛成していました。けれども，教師から，「その係がいないところでケンカがおきたらどうする？」という問いが投げかけられました。その結果，ケンカを見た人が止めることの大切さをあらためて子ども同士，確認や共有することができました。そこには，教師からの「私，なかよし係じゃないから，ケンカを止めないかな？」というゆさぶりもありました。教師のゆさぶりは，「係じゃないとケンカを止めなくてよい」という学級ルールの誕生を阻止したのです。

この実践からもわかるように，「つながり」とは子どもたちに「自分は『関係ない』」のではなく，「関係ある」という価値を重視して，学級を高めることが大切なのです。

4　残された課題

すべての子どもが「わかる」授業づくりをするためには，さまざまな課題があります。子どもたち全員に教えたい内容をすべての子どもが「わかる」のは本当に困難です。なぜなら，一人ひとりの子どもの「わかり方」は大きく異なり，そのなかで「わかる」ための方法が多様に存在しているからです。

本章では，授業のなかで子どもが見通しをもち，授業への参加を促す重要性と，「わからない」子どもの参加を中心に考察してきました。けれどもすべての子ども

第Ⅱ部　授業づくりに求められる視点

が参加する授業づくりを考えると，以下の3点が課題として挙げられます。

　第一に，授業過程においてどのように子どもは参加が可能でしょうか。授業過程は「導入－展開－終結」の三段階とされています。どのような過程を通して子どもが参加し，「わかる」ようになるのでしょうか。本章では，授業の構造化に見られる「見通し」をもつという点で「導入」とは関連していますが，たとえば「展開」ではどのようなあり方が特別なニーズをもつ子どもにとっても有効なのか検討の余地があります。第二に，一時間の授業だけではなく，その授業の前後などからじわじわと「わかる」視点も考えられます。一時間の授業レベルだけではなく，単元レベルで特別なニーズをもつ子どもの参加を考えることも大切でしょう。それは，子どもの実態を障害や発達から固定的に捉えるのではなく，一時間の授業ではわからないところを，時間をかけることでじわじわとわかっていくことも踏まえた授業づくりの視点です。第三に，総合学習の授業方法も取り入れる必要があります。障害児教育において実践されてきた「生活単元学習」に学びながら，現実の生活との関係や生活のストーリーを意識させる視点のもと，教科教育の質を問い直す必要があります。たとえば，探究型や調査型の授業づくりなどもそうでしょう。

　このように，子ども一人ひとりにとって「わかる」というルートは多様です。この多様なルートを教師自身がもつことから，すべての子どもが「わかる」授業づくりが拓かれるのです。

　　［付記］なお，本稿を記述するにあたってA県B小学校の校長先生，2年生の学級担任のE先生をはじめ教職員の皆様にたいへんお世話になり，多くのことを教わりました。記して感謝いたします。

注

1）別府哲は，高垣忠一郎を援用しながら，自己肯定感を「競争的自己肯定感」と，「共感的自己肯定感」に分け，「『わかる』『できる』ことを大切にしながらも，その先にある，自分のかけがえのなさを生きる力の拠り所とする『共感的自己肯定感』をどう育てるのかが，今こそ求められている」と述べています（別府 2008：26）。また，こうした高垣の自己肯定感概念について，髙木啓は，「授業や学習のあり方を考えるうえで，『できている－できていない』あるいは『優れている－劣っている』という一つの物さしによって評価される学習の世界から，様々に捉えられる学習の世界へと，学習の広がりを捉える可能性を，高垣による自己肯定感概念は提起していると考える必要がある」とし，新たな学習観と評価観の転換を述べています（髙木 2012：88）。こうしたインクルーシブ授業においても自己肯定感や評価観の検討は重要です。

参考文献

新井英靖（2012a）「インクルーシブ教育とユニバーサル・デザインの授業づくり」渡邉健治編著『特別支援教育からインクルーシブ教育への展望』クリエイツかもがわ：173-185.

新井英靖（2012b）「授業の中の構造化」渡邉健治・湯浅恭正・清水貞夫編著『キーワードブック・特別支援教育の授業づくり』クリエイツかもがわ：64-65.

荒川智（2013）「インクルーシブ教育の潮流」荒川智・越野和之『インクルーシブ教育の本質を探る』全障研出版部：9-51.

岡輝彦（2007）「障害のある子どもの『学級づくり』」高橋浩平・新井英靖・小川英彦・広瀬信雄・湯浅恭正編著『特別支援教育の子ども理解と授業づくり』黎明書房：84-91.

奥住秀之（2012）「通常学級の自閉症をめぐる課題と教育実践」奥住秀之・白石正久編著『自閉症の理解と発達保障』全障研出版部：135-153.

佐藤暁（2006）『見て分かる困り感に寄り添う支援の実際――通常の学級に学ぶLD・ADHD・アスペの子どもへの手立て』学習研究社.

司城紀代美（2013）「通常の学級における発達障害の子どもへの支援に関する研究動向――『多様な学習者』による教室での『相互作用』という視点から」『国立特別支援教育総合研究所研究紀要』40：97-108.

高垣忠一郎（2004）『生きることと自己肯定感』新日本出版社.

髙木啓（2012）「新しい学びの評価と授業づくり」山下政俊・湯浅恭正編著『新しい時代の教育の方法』ミネルヴァ書房：80-92.

田中紀子（2013）「子どもと教師が『分かった！』をともに味わう」湯浅恭正・新井英靖・吉田茂孝編著『特別支援教育のための子ども理解と授業づくり――豊かな授業を創造するための50の視点』ミネルヴァ書房：110-111.

原田大介（2013）「インクルーシブな国語科授業を考える――自閉症スペクトラム障害の学習者の事例から」日本教育方法学会編『[教育方法42]教師の専門的力量と教育実践の課題』図書文化：68-81.

深澤広明（2005）「評価活動による『競争心』の組み換え」『現代教育科学』586：14-16.

福田敦志（2009）「学びの共同化を実現する授業・学級づくり――ゼロ・トレランスを越えて」湯浅恭正編著『特別支援教育を変える授業づくり・学級づくり3』明治図書：41-54.

別府哲（2008）「『共感的自己肯定感』と『競争的自己肯定感』」『みんなのねがい』493：24-28.

湯浅恭正編著（2009）『特別支援教育を変える授業づくり・学級づくり全3巻』明治図書.

吉本均（2006）『学級の教育力を生かす吉本均著作選集第1巻　授業と学習集団』明治図書.

（吉田茂孝）

第6章　参加と共同を軸にした授業づくりの方法論

1　授業における参加と共同を問うことの意義

（1）孤立化する子どもたち

　1987（昭和62）年，臨時教育審議会答申において，教育改革を進める際の第一の視点として「個性重視の原則」が示されました。教育における画一性，硬直性，閉鎖性を打破するために打ち出された原則であり，それ以降，わが国の教育では個に応じた指導の充実を実現するために，チーム・ティーチング，グループ学習，個別学習などをはじめとした教育の個性化・個別化に向けた改革が進められてきました。

　たしかに，子どもたち一人ひとりが固有名詞をもつ存在として尊重されることは，教育における原則です。しかしながら，80年代後半以降進められてきた個性重視の教育改革は，新自由主義的教育改革と結びついており，市場主義的な自己責任イデオロギーや競争原理によって進められてきた改革であることは看過できません。このような改革の下で，子どもたちの学び合う関係性は分断され，ともに学ぶ他者の存在が希薄化されてきたのです。

　学びにとって他者の存在は必要不可欠です。他者がいてこそ自己の学びが深まり，共に生きるに値する世界をつくりだしていく可能性に開かれるのです。学びを共にするはずの他者との関係性において，暴力的，排他的，差別的，無気力，無関心といった生きづらさを抱えながら子どもたちは生きています。こうした状況は学びにおける他者の不在と指摘することができるでしょう。

　さらに，貧困問題，格差社会，雇用不安等をはじめとした私たちの生活を取り巻くさまざまな社会的問題が，子どもの成長発達に著しく影響を及ぼしていることも周知の通りです。

　こうした状況のなか，子どもたちの人間関係のあり様は，より複雑かつ生きづら

さを抱えるものとなっています。自分自身を「キャラ化」し，特定の「キャラ」を演じることで所属グループ内での位置を維持しようとする子どもや，「スクール・カースト」と称されるように，人間関係を序列化し，格や身分が違うと子どもたちが捉えているグループとの交友関係を避けたり，そこでの上下関係に過剰なまでに気を使う子どもの存在が指摘されています（代表的には，瀬沼（2007）；土井（2009）；鈴木（2012））。

　異質な他者をできる限り排除し，同質な他者とだけつながろうとする子どもたち。しかし，同質な他者とのつながりにおいても，いつ自分が同質性の枠から排除されるかわからないという不安を同時に抱えています。友だちとつながっているように見えて，実はそのつながり方は非常にもろく，むしろ本質的には一人ひとりの子どもは孤立化しているといっても過言ではありません。

　子どもの人間関係における「キャラ化」や序列化（「スクール・カースト」）の問題は，異質な他者とのつながりに支えられて一人ひとりが自己を確立することや，人間関係の多元的な営みをつくりだしていくことの困難さを表しています。

　このような子どもたちの関係性のなかで最も生きづらさを感じているのは，発達障害児をはじめとした特別なニーズをもつ子どもたちです。特別なニーズをもつ子どもたちは，彼ら彼女らが抱える課題が容易には理解されず，それゆえに排除され，周縁に置かれることが少なくないからです。

　子どもたちの人間関係や学びにおける状況が，他者と切り離され，孤立化する傾向を強めているからこそ，学びに参加することを通して，第一には，知や技を他者と共有すること，第二には，自己と他者の差異を認め他者とつながること，第三には，共に生きられる世界をつくりだしていくことが求められます。

　特別支援教育の制度が始まって8年目に入り，発達障害児をはじめとした特別な教育的ニーズを有する子どもたちと通常の子どもたちが相互に学び合う授業づくりの理論と方法の追求がますます求められます。孤立化した状況を越えて，自己，他者，世界につながることのできる学びに学級の仲間と共に参加し，共同する授業づくりをしていくことは喫緊の課題です。

（2）集団のなかでこそ育つ子どもたち

　さまざまな困難さを抱える発達障害児にとって，学校での安定した学習と生活をつくりだすための拠点として自己の存在を受けとめてくれる学級集団の存在意義は大きいです。しかしながら，発達障害児のなかには，友だちに自分自身の思いや願いを言葉で十分に伝えられず，苛立ちや孤独感を抱えている子どもも少なくないで

す。「うまくいかない，できない，自分はだめなんだ」といった自己否定体験の積み重ねによる自己肯定感の低さもみられます。

　だからこそ，発達障害児にとってうまくできない自己も含めて，自分自身の存在を受けとめ，認めてくれる友だちが必要です。数々の障害児教育実践において，子どもは集団のなかでこそ育つということを明らかにしてきました。

　学習を通して学ぶ楽しさやわかる喜びを友だちと共有するなかで，友だちの良さや違いを感じ取ることができるのです。さらに，頼り頼られながらお互いを認め合っていく関係性を育てることで，「あんなふうになりたいな」「すてきだな」と友だちに憧れを抱いたり，友だちと学び合うなかで「もっとできるようになりたい」，「わかるようになりたい」につながる意欲が引き出されます。

　学ぶ楽しさやわかる喜びを友だちとともに学習のなかでつくり出していくことを通して，かけがえのない自己を発見していくことができるのです。

　友だちとの交わりやつながりをつくりだすためには，発達障害児の「こだわり」や得意とすることを活かしながらがんばれる活動場面を学習と生活のなかにつくり出していくことと，その活躍の事実を学級のなかで子どもたちに示していく指導が求められます。子どもは自己の思いが友だちにききとられることと，自分も友だちの思いをききとることができたと感じられることで自分に対しての「自信」がもてます。その「自信」をバネにしてさらに自己の思いや願いを言葉にして伝える力，友だちを受けとめて応答する力を発達させていくことができるのです。

　たとえば，3年生当時，文字を読むことも書くこともできず，友だちとのトラブルの絶えない健太が書いた「健太文字」の解読を学級のみんなで取り組む実践があります（佐藤 2011）。

　健太は，口頭作文の取り組みを通して，自分の思いをききとってくれる教師がいること，自分の思いが文字化されること，さらにそれを読んでくれる友だちや保護者がいることに心地よさを感じ，「自分も表現したい！」「クラスの友だちに知らせたい！」と思うまでになっています。

　さらに，文字の書けない健太が「健太文字」をつくり，それによって自己の思いを表現し，学級のみんなに解読されていくことで，「キレて暴れる子」と否定的に見ていた学級の子どもたちの健太への見方が変わり，健太との新たな関係性がつくりだされています。

　「自分は何もできない」と思い込んでいた健太が少しずつ自信を取り戻し，文字の習得や6年生では支援学級のリーダーとして活躍するまでに成長したのは，表現したいと願う健太の学習要求と発達要求を引き出した教師の指導性，表現された健

太の思いを受け止める子ども集団があったからこそです。

　友だちとコミュニケーションすることや関係づくりといった社会性に困難さをもつ発達障害児だからこそ，友だちとともに活動するなかで感じた個々の思いや願いを伝え合い，認め合う授業づくりが求められます。

（3）インクルーシブ授業が志向する参加と共同

　教育におけるインクルージョンに関して，ピーター・ミットラー（Peter Mittler）は，「公式の定義を見つけるのは難しい」と断りながらも，「すべての子どもが，学校が提供するあらゆる範囲の教育的社会的機会に参加できることを保障するという目標のもとに，学校を全体として改革し作り直す過程」と述べています（ミットラー 2002：10-11）。

　すなわち，すべての子どもが学校における学習と生活に参加することを実現する教育を保障すること（Education for All），そのために通常教育の側の教授方法やカリキュラムのあり方を含めた学校改革をしていくことが，インクルーシブ教育を展開していくうえでの重要な理念として押さえられてきました。

　さらに，教育におけるインクルージョンは，固定化された状態を指すのではなく，すべての子どもの学習と参加を増やしていくための学校改革を追求していく終わりなきプロセスと捉えることが重要です。

　このように，インクルーシブ教育においては学習における参加が重要な力点として置かれていることがわかります。『インクルージョンの指針』では，参加の意味について，「他の人々とともに学習し，学習経験を共有することで他の人々とともに協力することです。参加に必要なことは，学習してきたことと，そして教育をどのように経験したのかについて，活発に発言することです。さらにいえば，参加することは，一人の人として認められ，受け入れられ，尊重されること」と述べられています（Booth and Ainscow 2002）。

　加えて，イギリスにおけるインクルーシブ教育の代表的研究者であるメル・エインスコウ（Mel Ainscow）は，子どもたちが参加するということについて「他者（others）とともに学習し，学習経験を共有することで他者とともに協働（collaborating）すること」（Ibid：3）と指摘し，それゆえにインクルーシブな学校は，「コミュニティにおけるすべての生徒たちがともに学ぶ」（Ibid：7）ことを原則として挙げています。

　すなわち，インクルーシブ教育は第一に基本的人権の問題であり，多様なニーズをもつ子ども，排除されている子どもも含め，一人ひとりの子どもが学びと生活に

第Ⅱ部　授業づくりに求められる視点

参加していく過程として提起されていること，第二に，特別な教育的ニーズをもつ子どもも含めて学級・学校全体としてどのような学習をつくりだすかという視点をもつこと，第三に，異質な子どもたちの集団を学習において組織し，子どもたちが共同的にかかわり合いながら学習することがインクルーシブ教育実践を進める学級，学校において不可欠な視点です。

　今日の特別支援教育における個別指導計画の広がりや，個別指導のニーズが高まっていることを踏まえると，個々の子どもの発達要求，学習要求から生じる特別なニーズに沿った個別指導をしていくことはもちろん重要です。しかしながら，子どもたちの関係性が孤立化している状況だからこそ，学校や学級において集団で学び合ったり遊んだりしながら，子どもたちがお互いに育ち合うことを十分に保障していく教育実践がより必要です。

　授業において発達障害児が個別の能力を高めること，たとえば，漢字が書ける，読めるといった力を習得することはもちろん大切なことです。しかしながら，そのことだけを指導目標にしてしまうと，究極的にはスキル学習に陥ってしまうでしょう。今日追求されなければならない授業づくりの方法論は，ともに学び合う友だちとのつながりや子どもの生活から切り離されたスキル学習的な個別指導に傾斜することではありません。

　特別な教育的ニーズに応答し，個々の子どもの課題に寄り添った指導構想を立てること，そのうえで一人ひとりの学びを学級集団全体の学びのなかにどのように位置づけていくかという指導構想を併せて立てることがポイントです。

　このように，インクルーシブ授業が参加と共同を重視するのは，発達障害児が教師や学級の友だちに支えられながら学習に参加することで個別の能力を習得するとともに，その習得した能力を基盤としながら，異なる価値観をもつ者同士が関わり合い，ともに生きられる世界の構築を追求するからです。

2　参加と共同を軸にした授業づくり

（1）授業における柔軟な参加の仕方を構想する

　授業における活動を構想し，考慮した教材を用意してもその活動の場に参加することを拒否する子どももいます。その場合に「参加させなくては」と焦って参加を強要すると余計に子どものパニックを引き起こし，拒否感を強めてしまうことにもつながります。

第6章　参加と共同を軸にした授業づくりの方法論

　参加を強要するのではなく，参加を拒むには何か訳があると捉え，その子どもなりの拒否する理由を丁寧にききとっていく姿勢が求められます。限られた時間のなかで「やらせなければ」と教師の指導のペースで子どもを動かそうとするのではなく，子どものこころとからだが友だちとの活動に向けて動き出せる瞬間を「待つ」ということも必要です。

　一見すると授業での活動を拒否しているように見える子どもでも，その子どもの好きなこと，得意なことを取り入れた楽しそうな活動を展開することで，その活動の世界に気持ちを向け，活動に取り組む友だちの様子に関心を示す姿がみられます。

　こうした子どもの姿は，友だちとかかわりたい，一緒に活動したいという願いをどの子どももっていることを表しています。拒否する姿のなかにも学習への要求が存在することをつかみながら，活動に参加することを拒む子どもの発達課題に応答することのできる具体的な活動を授業のなかで保障していくことが必要です。

　そのうえで，授業での活動やそこに参加する友だちの様子に興味を示した時に，参加を呼びかける働きかけが不可欠です。

　また，教師にとって，ともすると学級から飛び出して授業に参加しない発達障害児を目の前にして，まずは学習に向かう準備段階として授業に出席してくれてさえいればいいと考える参加の段階も時には必要となるでしょう。しかしながら，その場合にも授業の在り方や指導の方針をどのように立てるのかという見通しをもっておく必要があります。

　つまり，発達障害児の学習の場への参加を保障するといった場合には，授業の場にひとまず出席していてくれたらいいという参加の段階も保障しつつ，授業に出席することを通して子どもがそろそろ学習に取り組んでもいいかなと思っているチャンスを逃さないことです。

　これまでも，発達障害児が学習の場から排除されないために，学習の場に見通しを持って参加することのできる指導のあり方や場づくりの方法などが提起されてきました。たとえば，授業における課題提示の仕方の明確さ，教室環境の工夫，加配教員あるいは支援員による支援のあり方等が吟味されてきたことなどが挙げられます。

　一方で，授業に集中することに困難さを抱える発達障害児にとって，授業中は余計なおしゃべりをしない，立ち歩かないといったきまりごとに代表される暗黙のルールを強要される学級は生きづらい場となります。発達障害児が学習の場へ参加することを保障するためには，授業における暗黙のルールそのものも問い直す必要があります。そのために，当該の子どもがどのような苦悩や課題を抱えているのか

を丁寧にききとり、その子どもに寄り添いながら、授業における暗黙のルールや授業のあり方そのものを問い直していく視点が求められます。

たとえば、授業における「特別なルール」を設定し、発達障害児を含めた学級一人ひとりの子どもの柔軟な授業参加を認めていく実践も提起されてきました[1]。発達障害児の困難さが聞きとられることで、学びの場のあり方について学級のみんなで問いながら、対話と合意に基づく「特別なルール」を設定し、柔軟な授業参加のあり方を承認していくのです。

こうした取り組みは同時に、発達障害児にとっては自己のもつ困難さを認識し、それでも学級の仲間とつながりながら学習の場に参加できているという意識を形成するという意味をもちます。子どもの学習と生活を創造する実践的基盤が学級であり、特に認識やわかり方に困難さを抱える発達障害児にとって、学習への参加を促す拠点として自己の存在を受けとめてくれる学級集団の存在意義は大きいのです。

「特別なルール」の設定などに代表される柔軟な授業参加を認めていく実践提起は、多様なニーズをもつ子ども、排除されている子どもも含め、一人ひとりの子どもが学習への参加の方法をめぐって互いの意見を表明し、それについて共に吟味していくことで、学びと生活に参加していく権利主体として立ち現われてくることを指導するものです。

(2) 学びにおける当事者性を立ち上げる

インクルーシブ教育を明確に位置づけたサラマンカ声明では、各国の政府に対して特別な教育的ニーズに対しての準備に関する計画・立案や意思決定の過程に、障害者はもちろんのこと、障害をもつ人々の保護者、地域社会、障害者団体の参加を促進し可能にすることを要求しています。

サラマンカ声明におけるこの要求を授業づくりの問題として引き取るならば、発達障害児が授業のあり方について当事者の視点から意見表明することが重要です。そのうえで、当事者とつながる人々が彼らの声をききとり、必要とされる支援を提供しながら互いに共同して授業の計画や意思決定の過程に共々に参加することを可能にする指導の視点が求められます。

カリキュラムも含めて、授業を構想していくうえで特別なニーズをもつ当事者が意見表明し、参加していくことの重要性は、「障害者たちに問われているのは、追求すべき政策や解決策はどういうものなのか、自分たちが問題と考えているのは一体何なのか、行動スケジュールはどうあるべきなのか、ということである。彼らはインクルーシブな未来を構築するための中心的な役割を演じなければならない」

(ヴァートハイマー 1998：5)ことと，「発言すること(voice)の問題がインクルーシブ教育の研究や政策，学校教育の発展にとって中心的な位置にある。(中略)私たちは皆，権利認識に関する教育の発展に貢献しようとするならば，周縁的な位置に置かれる人びとの声に耳を傾ける必要がある」(スリー 2006：414)と指摘されていることからも明らかです。

　すなわち，発達障害児が自分自身にかかわるカリキュラムのあり方について自分自身で決められるということ，さらに，その際には必要な支援を受けながら決められるという権利を有していることを授業づくりにおいても重要な視点としていくのです。そのためにも，発達障害児が教育的サポートの一方的な享受者となるのではなく，当事者として発言し，関与しながら，選択，決定のプロセスに参加していくことを可能にする支援が準備される必要があります。

　障害者権利条約の審議過程で，「私たち抜きに私たちのことを決めないで(Nothing about us without us)」と障害者たちが問題提起し，審議過程に権利としての参加を求めたことは歴史的にも重要な意義をもっています。

　ある高校では，生まれつき脳性マヒの高校生が体育祭でサッカーのトーナメント戦に参加するため，障害者ルール会議が開かれ，会議の場で障害当事者の意見表明を含めた特別ルールを決定し，皆が対等に参加できる活動をつくりだしています(寺本 2006)。

　教師が子どもの障害特性を分析し，それに見合う教育的サポートを提供することはもちろん重要ですが，授業における学習のあり方の選択と決定をめぐる議論のプロセスに発達障害児が当事者として主体的に参加できる回路を多様に構想する指導の視点が求められます。

　一方，通常の子どもたちにとって，授業のなかで発達障害の子どもが抱える問題に対して全く同じような当事者になることはできません。しかし通常の子どもたちも，「他者が『当たっている事』に自らも参加するという経験を通して，第三者が自分自身も同じようなことをかかえていることを自覚し，『事』への『当たり方』を学び，自分自身の『事』に『当たる』ようになる。このようにして，第三者は自分自身のなかに『当事者性をたちあげる』」(山本 2010)ことができるのです。

　授業において発達障害児のわからなさやできなさに応答しつつ，その学習のプロセスに参加することで，通常の子どもたちは自分たちのものの見方や考え方，さらには人との関わり方が問い直されます。インクルーシブな授業づくりを志向していく際には，困難な課題を抱える他者に応答する仲間としての学びの当事者性を子どもたちのなかに立ち上げていくことが不可欠です。

第Ⅱ部　授業づくりに求められる視点

　さらに，子どもたちの生活現実のコンテクストから世界を批判的に読みひらいていく授業を構想していくことが求められます。なぜならば，制度化された知のみを教科内容とする授業は，子どもたちを意味ある世界から切り離し，子どもたちの学びの世界を空洞化させ，孤立化した学びへと引き込むからです。

　生活指導の実践家である鈴木和夫は，国語の授業のなかで学習を共同化していくことについて，子どもたちが自分の生活のコンテクストを交流させながら，生活のコンテクストとテクストの間を往還し，みんなで追求することを通してお互いに理解したものが何なのかを共有することで，学習の共同化の中身がいっそう膨らみ，知をくぐった学びの当事者になるのだと主張します（詳しくは，福田・今井・上森 2009を参照）。

　各教科固有の指導目標とあわせて，授業と生活を貫くテーマや課題を子どもたちと共に設定し，自分たちの生活世界と社会を批判的に読みひらく学びの当事者として育てていくこともインクルーシブ授業においては追求していく必要があるでしょう。

3　インクルーシブな共同的世界を創造する授業づくり

（1）一人ひとりの差異を認め合い，多様な応答性をつくりだす

　授業への参加を問う際には，子どもの発達課題をその子どもの生活現実のコンテクストにおいて捉えておくことが求められます。そのうえで，学習のプロセスのなかで変化する子どもの様子を洞察しながら，学習する内容世界と発達課題との関連性を問う視点が不可欠となるでしょう。

　形式的に同一の学習内容，学習課題を要求するならば，それは発達障害児を結果的に学習から排除することにつながります。それは，個々の子どものもつ発達課題や特別な教育的ニーズに応答する指導の視点を欠くものです。

　通常学級において発達障害児に同一内容，同一課題への参加を強制するのではなく，「学習課題は異なりつつ，共通の場面・教材だからこそ，子どもは相互に意識しながら学習に挑む」（湯浅 2006：118）ことができるのです。こうした指導の視点は，発達障害児の特別ニーズを考慮した多様な授業過程を構想していく際の枠組みとして欠かせません。

　個々の子どもの差異を前提にしつつ，その差異を学習の場で生かす授業構想の意義は，同一の学習場面において学習課題や学習方法こそ異なるが，子ども同士が共

に学ぶ互いの存在を意識化しながら学習するところにあります。わかり方やでき方をめぐる交流を促す指導をしていくことで，学習課題や学習方法が異なったとしても学級の仲間から排除されるのではなく，ともに学んだことは何なのかを吟味し共有できる学習集団を形成していくのです。そうすることで，発達障害児と学級の子どもたちとの間に学習内容を媒介とした共同，すなわち，つながりの世界がつくりだされるのです。

さらに，発達障害児のこだわりや得意とすることを活かしながら授業に参加できる場面や活躍できる活動をつくり出していくことも欠かせません。たとえば絵を描く，物を作る，動作化する，表現するといった多様な活動場面を学習内容と切り結びながら構想する実践のあり方です。

発達障害児は授業のなかで「できない」と感じることが多く，自己肯定感の低い子どもが少なくありません。それゆえに，学習内容との関連で発達障害児が得意とすることを活かすことや，身体の動きにぎこちなさがある発達障害児には，詩や歌詞を動作化することで身体機能に働きかけるなど，「自分にもできた」という達成感を味わいながらがんばれる活動場面を授業のなかにつくり出していく視点が求められます。同時に，発達障害児の活躍の事実をていねいに学級に示しながら，その活躍の事実に応答できる子ども相互の共同的な関係性をつくり出していく指導が求められます。

今日，人間関係の序列化のなかで互いを差別，排除する関係性のなかで生きづらさを抱える子どもたちの状況から考えると，できなさやわからなさを出すこと，そして間違うことに対する恐怖心は計り知れないでしょう。

「教室は間違うところ」（蒔田 2004）と提起されたことを改めて授業づくりにおいて位置づけ直し，子どもたちのできなさやわからなさも含めて，お互いの学習に応答できる学びの共同性が不可欠です。

発達障害児はその応答的，共同的な学びのプロセスにおいて学級の仲間とつながり，励ましと支えによって学習への意欲と自信を取り戻していくのです。

（２）インクルーシブ授業を支える教職員集団の共同

インクルーシブ授業を支える教職員相互の共同を構築していく方法は重層的に構想していく必要がありますが，まずは，発達障害児を含めた特別な教育的ニーズを有する子ども理解の視点や指導方法について教師同士で自由に対話できる関係性や場をていねいにつくり出していくことが求められます[2]。

「困った子」は「困っている子」という子ども観の捉え直しは，すでに定着して

きた感があります。しかし，教育実践において「困っている」のは子どもだけではありません。学級が抱える様々な課題や問題に対して指導力を欠いた「困った教師」としてみるのではなく，実は教師自身も「困っている」と捉え方を変えていくのです。

　捉え方が変わることによって，互いの実践において抱えている困難さや苦悩がききとられ，共感し合いながら子ども理解の共有を図り，指導の方針を共同で立てていくことが可能になります。この点からも，特別支援教育における校内委員会の設置をはじめとした学校全体での支援体制の整備及び取り組みは，発達障害児を含めた特別なニーズを抱えた子どもに対する子ども理解を教師相互が共有し，指導のあり方をめぐる議論が自由にでき，共有できる場として位置づけていく必要があるでしょう。

　さらに，公式な場としての校内委員会や校内研修等での議論を充実させていくこととあわせて，日常的な議論の場を保障していくことも教職員相互の関係性を対話的，共同的な関係性へと開いていくうえで欠かせません。

　今日の多忙さを極める学校現場において，日常的な議論の場を設けることそのものが難しいかもしれません。しかしながら，多忙さゆえに教職員がつながりあうことを困難にさせている状況だからこそ，お互いの実践を媒介にして教職員相互の応答的な時空間を意識的に保障することが求められます。

　相互の実践を共同的に支え合える教職員集団の構築を学校文化としてどのように根付かせていくのかということは，インクルーシブ授業づくりを発展させていくための重要な論点の一つとなるでしょう。

注
1) 例として，授業中に集中できず，床に寝ころんでしまうゴロリという子どもに対して，学級の子どもたちは床に寝ころぶことは「特に授業中はあかん」と発言する。教師はこの発言に対して「教室は寝ころんだらあかんのか」「みんなかて，授業中にしんどいと思うことはないか」と問いかけ，一人ひとりのなかにもいるであろう「ゴロリ」を発見させていく。そのやり取りの中で教室に「寝るコーナー」を作ることを決定していく実践がある。竹内（2000）を参照のこと。
2) 学校全体で教職員が連帯，共同する学校づくりを行った示唆的な実践として，湯浅・越野・大阪教育文化センター（2011）が挙げられる。

参考文献
アリソン・ヴァートハイマー，桑の会訳（1998）『障害児と共に学ぶ——イギリスのインクルーシヴ教育』明石書店．
佐藤寛幸（2011）「オレかて書きたいことあるねん！」『クレスコ』11(5)：14-16．

鈴木翔（解説・本田由紀）（2012）『教室内（スクール）カースト』光文社.
ロジャー・スリー（2006）「政策と実践？——インクルーシブ教育と学校教育への影響」ハリー・ダニエルズ／フィリップ・ガーナー編，中村満紀男・窪田眞二監訳『世界のインクルーシブ教育——多様性を認め，排除しない教育を』明石書店.
瀬沼文彰（2007）『キャラ論』STUDIO CELLO.
竹内朋子（2000）「われらゴンファミリー　子どもたちがクラスをつくる」湯浅恭正編『学級崩壊・克服へのみちすじ——かわる教師　かえる教室　第Ⅱ巻・小学校低学年「初めての学びと自分づくり」』フォーラム・A：175-177.
寺本ららら（2006）「らららの体育って最高なのよ，ご存知？」『生活教育』688.
土井隆義（2009）『キャラ化する／される子どもたち——排除型社会における新たな人間像』岩波ブックレット，759.
福田敦志・今井理恵・上森さくら（2009）「「学びの共同化」論の枠組みに関する検討——学習集団論・「学びの共同体」論を中心に」『生活指導研究』26：149-150.
蒔田晋治（2004）『教室はまちがうところだ』子どもの未来社.
ピーター・ミットラー著，山口薫訳（2002）『インクルージョン教育への道』東京大学出版会.
山本敏郎（2010）「当事者性をたちあげる子ども集団づくり——地多実践の今日的意義」『生活指導』2月号，明治図書.
湯浅恭正（2006）『障害児授業実践の教授学的研究』大学教育出版.
湯浅恭正・越野和之・大阪教育文化センター編（2011）『子どものすがたとねがいをみんなで——排除しない学校づくり』クリエイツかもがわ.
Booth, T. and Ainscow, M. (2002) *Index for Inclusion*, Center for Studies on Inclusive Education.

（今井理恵）

第7章 「言語活動の充実」とインクルーシブな国語科授業
―― 小学校5年生のLDの学習者の事例から ――

1 通常学級における学習者の実態

2012（平成24）年に文部科学省が報告した「通常の学級に在籍する発達障害の可能性のある特別な教育的支援を必要とする児童生徒に関する調査結果」によれば，通常学級に在籍する全児童生徒の約6.5％に発達障害の可能性があることが明らかになりました。その詳細は，「学習面で著しい困難を示す」傾向が全児童生徒の約4.5％，「行動面で著しい困難を示す」傾向が全児童生徒の約3.6％，「学習面と行動面ともに著しい困難を示す」傾向が全児童生徒の約1.6％でした（図7-1）。

以上のことからも，通常学級における授業を担当する教師は，発達障害などの特別な支援を要する学習者の存在を踏まえた授業を構想しなければなりません。国語科授業においても同様に，学習者が求めるさまざまな支援を想定して展開すべきです。

しかし，これまで国語科教育に携わる教師や研究者が国語科の理論や実践を語る際に，特別な支援を要する学習者へのまなざしが乏しかったことは否定できません。元文部科学省の教科調査官である井上一郎は2002年に「障害児の問題は，国語教育界では等閑視されてきた」と述べていますが（井上 2002：188），10年以上が過ぎた今日においても現状に変化はありません（原田 2010；2013a）。また，大内善一が「国語科教育と特別支援教育との連携は，従来，文学教育のみならず国語科教育全般においても極めて希薄であった」と指摘しているように（大内 2011：91），級種・校種間の連携も著しく不十分です。

国語科授業は，特別な支援を要する学習者を含む，すべての学習者を包摂（インクルーシブ）する授業へと変わる必要があります。そのためには，国語科教育に携わる教師や研究者の考え方も変えていく必要があります。

第7章 「言語活動の充実」とインクルーシブな国語科授業

```
―――――学習面または行動面ともに著しい困難を示す　6.5%―――――

    ┌─学習面で著しい──┐ ┌─行動面で著しい──┐
    │ 困難を示す　4.5% │ │ 困難を示す　3.6% │
    └──────────┘ └──────────┘
              ↑
      学習面と行動面ともに著しい困難を示す　1.6%
```

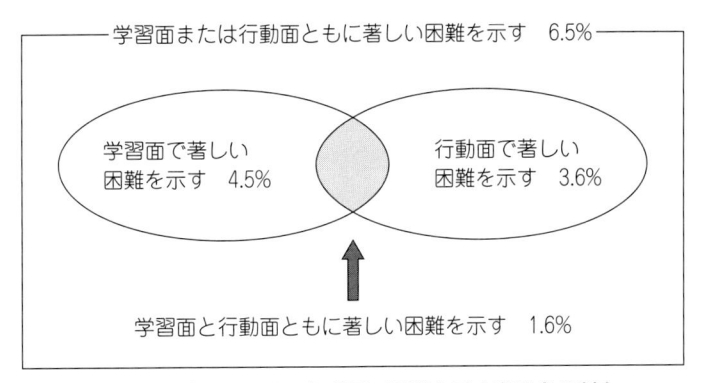

図7-1　学習面または行動面で困難を示す学習者の割合
出典：霜田（2013）が整理した図を筆者が再構成した。

2　これからの国語科教育の方向性

　2012年7月に中央教育審議会初等中等教育分科会から報告された「共生社会の形成に向けたインクルーシブ教育システム構築のための特別支援教育の推進」では，発達障害など特別な支援が必要な学習者とともに学ぶ「インクルーシブ教育システム構築」に向けた人的・物的環境の整備を推進することが決定しています。今後，通常の学校と特別支援学校とは「インクルーシブ教育システム」を基盤に，さらなる連携が求められます。

　ただし，審議会における一つひとつの用語の概念や方向性は十分に確立されているわけではありません。このため，その具体化については教科教育を中心とする各分野・領域に一任されているのが現状です。国語科においてもインクルージョンの観点からの具体的な提案が求められている状態であり，本章における提案は，その一つの試みでもあります。

　国語教育に携わる教師や研究者は，中期・長期的に特別支援の観点を踏まえた国語教育の理論やカリキュラムを構築しなければなりません。このことを見通しつつ，短期的な目標として，目の前の授業や単元をインクルーシブなものへと変えていくことが重要です（図7-2）。

　インクルーシブな国語科授業は，すでにある授業に特別な支援を要する学習者を包摂することにより実現していくものです。同様に，インクルーシブな国語科教育の理論やカリキュラムにおいても，特別な支援を要する学習者を含むすべての学習者に必要な枠組みへと変えていくことによって実現するものだと考えます。そのた

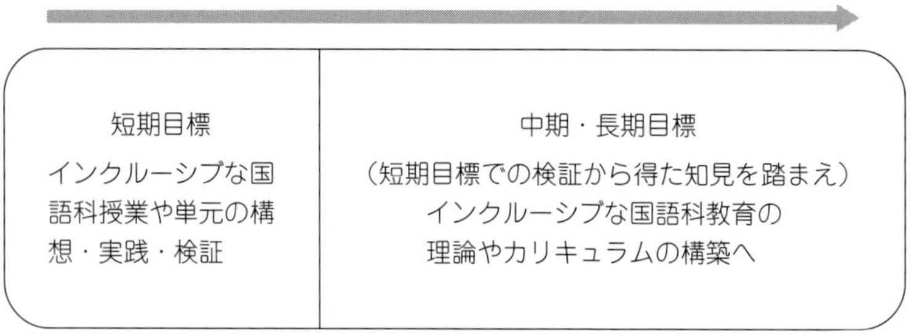

```
┌─────────────────┬──────────────────────────┐
│    短期目標      │      中期・長期目標        │
│ インクルーシブな国 │ (短期目標での検証から得た知見を踏まえ) │
│ 語科授業や単元の構 │ インクルーシブな国語科教育の │
│ 想・実践・検証    │  理論やカリキュラムの構築へ  │
└─────────────────┴──────────────────────────┘
```

図7-2 国語科教育の短期・中期・長期的な見通し

めには，すでに学校現場にある教育制度を活用しつつ，その制度を学習者が本当に必要としているものへと変えていくことが求められます。

たとえば国語科の場合，2008年度版学習指導要領より「言語活動の充実」という文言が加えられました。本章では，この「言語活動の充実」の考えを有効に活用するための方法を提示することにより，教師が現実的に実現し得るインクルーシブな国語科授業を構想したいと思います。

3　「言語活動の充実」の有効な活用に向けて

(1) 考える力という視点

2008年1月の中央教育審議会答申「幼稚園，小学校，中学校，高等学校及び特別支援学校の学習指導要領等の改善について」を受けて，各教科等において「言語活動の充実」が求められました。

「言語活動の充実」とは何でしょうか。学習指導要領の作成者の一人である髙木まさきは，言語活動の考え方自体は「話す」「聞く」「書く」「読む」などのように「いたってシンプルなもの」であるとし，重要なのは「『充実』しているかどうかが問われ」るとしています。その上で髙木は次のように述べています。

　　国語科の「言語活動例」に端的に表れていますが，「言語活動の充実」とはけっして特別なことではなく，むしろ自然な意識の流れに沿ったものと言え，教室に自然な言語活動を取り戻すことで，学習者の「考える力」を育成する，そこにポイントがあると私は考えています。　　　　　　（髙木 2013：13）

考える力の育成を主張する髙木は，従来から中学校や高等学校の国語の授業で行

われてきた「教師が教材文の解釈を講義し，生徒がそれを黙って『聞く』」言語活動や「教師が板書したことを生徒がひたすら『書き』写す」などの言語活動は「ひたすら受容し，覚えるだけの学習になりがち」であるとし，考える力が伸びない例として示しています。

　特別な支援を要する学習者への授業を考える際，私たち教師の多くは「基礎・基本の習得」と称して書きとりを中心とするドリル学習を展開しがちです。ドリル学習は効率的な学習方法の一つではあります。ですが，その方法を用いた国語科の授業が本当に学習者の「考える力」を育成する場になり得ているのか，教師は真摯に問う必要があります。

（2）言語活動に必要な要素

　そもそも学習指導要領における「言語活動」とは何を意味しているのでしょうか。学習指導要領の総則には次のように説明されています。

> 　各学校において，児童に生きる力をはぐくむことを目指し，創意工夫を生かした特色ある教育活動を展開する中で，基礎的・基本的な知識及び技能を確実に習得させ，これらを活用して課題を解決するために必要な思考力，判断力，表現力，その他の能力をはぐくむとともに，主体的に学習に取り組む態度を養い，個性を生かす教育の充実に努めなければならない。その際，児童の発達の段階を考慮して，児童の言語活動を充実するとともに，家庭との連携を図りながら，児童の学習習慣が確立するよう配慮しなければならない。
>
> （文部科学省　2008：109，下線は引用者）

　上記の学習指導要領の説明を踏まえて，難波博孝は「学習指導要領から考える，読むことの授業づくり」と題した論文のなかで「言語活動に必要な要素」を次の5点にまとめています。

○　教科における，基礎的・基本的な知識技能の確実な習得や活用に働くこと
○　課題を解決するものであること
○　思考力，判断力，表現力をはぐくむものであること
○　主体的な学習に取り組む態度を養うものであること
○　個性を生かす教育の充実にはたらくものであること

（難波　2011：4-5）

そのうえで難波は、「言語活動とは単なる言語の活動ではなく、上記のような要素を含むものではなくてはならない」としています（難波 2011：5）。

(3)「言語活動の充実」の条件

髙木と難波の論を整理してまとめると、「言語活動の充実」の条件は、(a)学習活動の基盤が学習者にとって常に「考える」場であるということ、その上で、(b)学習者が自ら課題をもって(c)主体的に取り組むなかで、(d)思考力や判断力、表現力等を使いながら、(e)教科の知識や技能の習得をめざしつつ、(f)個性を生かす活動であるといえます。

この(a)～(f)は相互に作用し合う関係にあるために完全に分けて考えることはできませんが、その特徴から次の3つの群に分けることが可能です。なお、(a)については基盤に位置するものであることから、すべての群に入れました。

（Ⅰ）：学習者が知識と技能を獲得することをめざした群　(a) (d) (e)
（Ⅱ）：学習者が意欲と態度を獲得することをめざした群　(a) (b) (c)
（Ⅲ）：学習者が個性を発揮することをめざした群　(a) (f)

教師が「言語活動の充実」をめざす国語科授業を構想する場合、（Ⅰ）と（Ⅱ）に関しては学習指導要領国語編における「話すこと・聞くこと」「書くこと」「読むこと」「伝統的な言語文化と国語の特質に関する事項」の目標や内容を選ぶことにより条件を満たすことになります。

しかし（Ⅲ）の条件を満たすためには、教師は学習者一人ひとりの実態を踏まえて、その個性を発揮できるような学習活動を創意工夫して設定する必要があります。特別な支援を要する学習者たちは、その個性の強さから、学校生活のなかで差異に敏感な他の学習者に距離を置かれている可能性が少なくありません。しかし、教師はこの「言語活動の充実」をめざす国語科授業では、さまざまな個性をもつ特別な支援を要する学習者を中心に授業を展開することが可能になるのです。

このことは、「言語活動の充実」をめざす国語科授業と、特別な支援を要する学習者が国語科授業に参加できることとが、深くつながっていることを意味しています。インクルーシブな国語科授業は、「言語活動の充実」をめざすことによって実現できるのです。

4 「言語活動の充実」とインクルーシブな国語科授業の実際

（1）その子らしさを大切にする

　もちろん，特別な支援を要する学習者が授業中に教室にいるだけで，その個性を十分に発揮できていなければ，インクルーシブな国語科授業と考えることはできません。ここでは，発達障害のある一人の学習者が参加した実践事例を通して，インクルーシブな国語科授業の可能性を考えてみたいと思います。

　なお，「個性」に関する具体的な定義は学習指導要領に見当たりません。そもそも個性とは何かという問題は議論すべき重要なものですが，ここでは紙幅の関係のため議論は別稿に譲り，「その子らしさ」という意味として考えることにしましょう。

　筆者は2009年4月から2010年3月に広島市内にある公立小学校において，「教育上特別の配慮を必要とする児童に対する特別な指導」を中心とする学習指導員の立場から学習者とかかわってきました。勤務中の筆者の立ち位置は学習者の実態に応じて変わるものでしたが，主に次の3点でした。

　⑴　授業中，特別な支援を必要とする学習者について各教科内容を理解できるようにサポートする。
　⑵　授業内外における特別な支援を要する学習者の実態を学級担任に報告し，その学習者に必要だと思われる個別の指導計画案や授業案を提案する。
　⑶　学習者が落ち着かない様子であれば，通常教室を離れ，個別指導に取り組む。

　授業内容と極端に異なる学習活動を個別に展開することは支援を要する学習者も嫌がることが多いものです。このため，学級担任も筆者も通常教室での授業に参加することを前提に取り組みました。

　以下では，小学5年生の哲平（仮名）という学習者について見ていきます。

（2）哲平の特徴

　哲平には，次の特徴がありました。
　・授業中，席に座ることはできているが，同じ姿勢を保つことができない。

- 小学校2年生のときに「LDの傾向がある。また，身体の発達が一般平均に比べて極端に遅い」と診断されている。
- 体が小さく，小学2年生程度の身長と体重である。
- 通常学級に在籍し，特別支援学級には通っていない。
- 廊下を歩くときは，教師と手をつないで歩くことを好む。
- マンガをかくことに対する関心が高く，授業内外を問わずマンガをかき続けている。
- 国語の教科書は随所にマンガが描かれ，何枚か破れた状態である。
- 自分でプリントを整理することが難しく，忘れ物も多い。
- ゲーム『スーパーマリオブラザーズ』のキャラクターであるマリオを好み，そのキャラクターをノートや教科書のあらゆる箇所にかき続ける傾向がある。
- 体が小さいことや鼻をよくほじることから，学習者にからかわれることが少なくない。
- 学力テストは1割～2割程度の正解率。国語のテストは1割程度の正解率。

哲平が最も意欲的・積極的に参加していた単元が，次のものでした。
○単元名 「物語を書いて紹介しよう」（全5時間）
○実施日 2009年12月
○学習目標
・物語文をあらすじにそって書くことができる。
・物語で登場する人物の性格や行動を考えて，具体的に書くことができる。
・自分が作成した物語を友だちがわかるように紹介できる。
○場所 通常教室，図書室
○活動目標

『新編 新しい国語 五下』（平成17年発行，東京書籍）の「一まいの地図から」（図7-3）をもとに物語を作成する。本教材に示された，ゆみ，さおり，ひろし，さとるの人物設定をした後，その他に登場する人物（さる，くま，いのしし）などの性格や特徴についても書き出す。物語の展開に応じて，新しい登場人物を作成する。物語を作成した後，他の学習者の前で紹介する。
○単元全体の振り返り

以下，単元全体を振り返るうえで，前節で提示した「言語活動の充実」の条件（Ⅰ）（Ⅱ）（Ⅲ）について，当てはまる箇所をその都度明記していきます。また，下線部についてはその後の考察で用います。

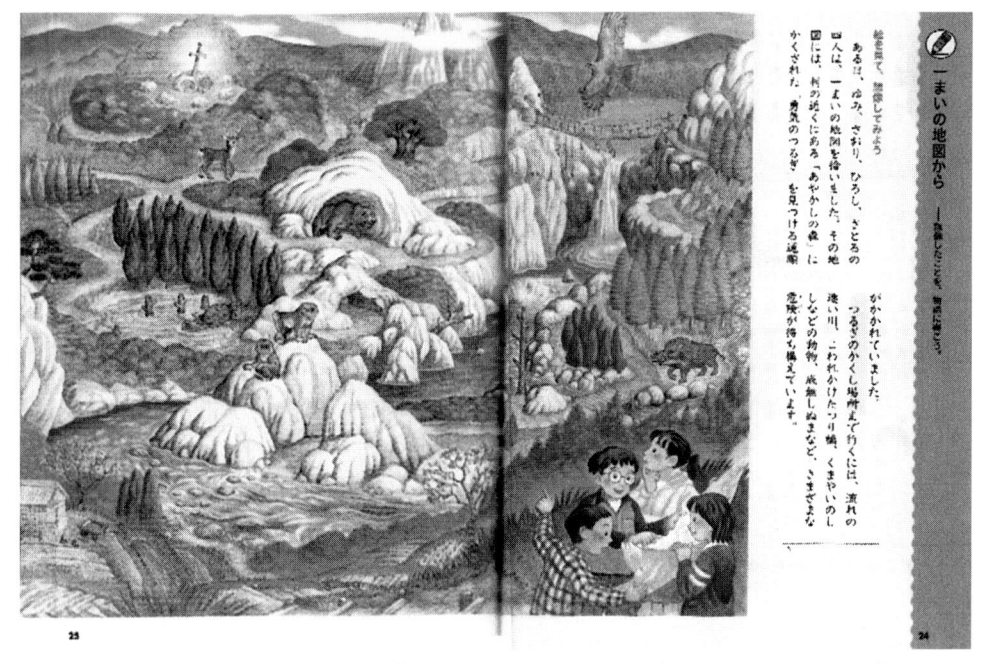

図7-3 「一まいの地図から」『新編 新しい国語 五下』(東京書籍，24-25頁より)

　教科を問わず授業にほとんど参加できずにマンガをかき続けた哲平でしたが，物語の作成においては最後まで真剣に取り組むことができました（Ⅱ）。哲平が作成した人物設定は具体的でわかりやすく，クラスの他の学習者からも高く評価されました。また，哲平は物語のなかで，登場人物の「さる」に「ウッキーウキウキ（仲間に入れておくれよ）」と話すように表現させたり，教科書にある「ゆみ」の設定を「さる語」がわかるというキャラクターにして「ウキウキ！ウッキー。（いいよ！）」と話すように表現させていました（Ⅲ）。このことから，哲平独自のユニークな物語作成に多くの学習者が驚いていました。

　身体が小さく，その言動もすこし幼く見える哲平は，普段から他の学習者にからかわれていました。また，哲平がノートや教科書にマンガをかき続けていたことに対し，不満を訴える学習者も少なくありませんでした。ですが，この実践を通して哲平に対する見方を変える学習者が現れるようになりました。哲平もまた，自分が作成してきたマンガのなかにたくさんのことばの力（あらすじを意識する力，物語をことばで表現する力，魅力的な人物設定ができる力，会話のやりとりを考える力，絵とことばを組み合わせてわかりやすく描く力など）があったことを確認したことで（Ⅰ），国語科の授業に自信をもてるようになりました。

　この学習以降，哲平は他の学習者による自分に向けた注意やアドバイスにも少し

ずつ耳を傾けるようになり,授業時間におけるマンガの作成時間も減らし始めました。他の教科の授業にも,参加することができつつありました。

(3) ことばの学びの背景にあったもの

「言語活動の充実」の条件である(Ⅰ)(Ⅱ)(Ⅲ)を満たしたこの実践は,哲平に多くのことばの学びを生み出しました。この意味について,さらに深く考えてみたいと思います。

哲平は以前,学級担任が休日に動物園に行った話などをすると,絵を描くのをやめて教師の方に顔を向けて話を聞こうとしました。この事実を踏まえて意図的に設定した本単元では,哲平が好きな動物が多数登場するだけでなく,魅力的な登場人物を新たに開発できるようにしました。

哲平の例がそうであったように,学習者の興味／関心,好きなこと／嫌いなこと,快／不快などのプライベート(私的)なまなざしを授業に導入することは,ことばの授業への学習者の参加に寄与するだけでなく,学習者に自信をもたせることにもつながります。また,(Ⅰ)にあるように,多くのことばの学びを生み出す言語活動となり得ることがわかります。

また,哲平が発明した「さる語」は,結果としてバーバル(言語)ではなくノンバーバル(非言語)を読みとる力が学習者たちに求められました。「さる語」を話すときの声の高さ,表情,文脈など,他の学習者たちは話し合いのなかで真剣に考える姿が見られました。日常生活において学習者がさまざまな身体的な特徴のある人とかかわる上で,バーバルの力だけでなくノンバーバルの力をもつことは不可欠です。学習指導要領にあるように国語科は「伝え合う力を高める」ことをめざす教科であるからこそ,バーバルとノンバーバル両方の力を育てることを大切にしたいと思います(原田 2014)。哲平は他の学習者たちに「さる語」についての説明を試み,相手(聞き手)に伝わる表現とは何かを学んでいきました。

このように,本単元は哲平に多くのことばの学びを生み出したものでありましたが,他の学習者たちにも多くのことばの学びをもたらしました。前項の下線部にあるように,学習者たちの哲平に対する見方・考え方の変化と合わせて,絵とことばを組み合わせてわかりやすく描く力や会話のやりとりを考える力など,豊かなことばの学びを生成していたのです。

近年の通常学級における特別支援論の多くは,排除(エクスクルーシブ)されてきた学習者を包摂することだけに焦点を当てているように感じます。このこと自体は重要なことですが,本章で提案するインクルーシブな国語科授業では,排除され

てきた学習者だけを包摂することをめざすのではなく，すでに包摂されていること
にされている定型発達の学習者たちを，再包摂（リ・インクルーシブ）すること
までを見通しています。ここで言う再包摂とは，包摂された学習者の存在によって，
他の学習者に新たな学びが生まれる現象を意味します。包摂される学習者と再包摂
される学習者とが交互に生まれるようなサイクルがことばの授業に生まれたとき，
はじめてインクルーシブな国語科授業と呼ぶことができるのではないでしょうか。
哲平を軸にことばの学びの深まりと拡がりを見せた本実践は，インクルーシブな国
語科授業の一つの事例として位置づけたいと思います。

5　おわりに

　以上，本章では「言語活動の充実」という文言を有効に活用することでインク
ルーシブな国語科授業を構想しました。また，その授業の考察の中で，プライベー
トなまなざし，バーバル（言語）とノンバーバル（非言語），包摂と再包摂，の3
つの観点の重要性について主張しました。

　学習指導要領を熟読してみると，「言語活動の充実」以外にもインクルーシブな
国語科授業を実現し得る文言は少なくありません。私たち教師や研究者は学習指導
要領の存在を極端に否定するのではなく，反対にすぐに鵜呑みにするのでもなく，
その文言を学び，活用することが大切です（短期目標）。そしてそのうえで，新た
な教育制度の文言を提案していくような批判的（critical）で創造的（creative）な態
度が求められています（中期・長期目標）。このことが，結果として特別な支援を
要する学習者を含む，すべての学習者にとってよりよい国語科授業を生み出してい
くのだと考えます。

参考文献

井上一郎（2002）『ことばが生まれる――伝え合う力を高める表現単元の授業の作り方』明治図書.

大内善一（2011）「書評　浜本純逸監修『文学の授業づくりハンドブック――授業実践史をふまえて』
　　全4巻」全国大学国語教育学会編『国語科教育』69：91-93.

霜田浩信（2013）「LD・ADHD」井澤信三・小島道生編『障害児心理入門〔第2版〕』ミネルヴァ書
　　房：156-177.

髙木まさき（2013）『国語科における言語活動の授業づくり入門――指導事項の「分割」と「分析」
　　を通して』教育開発研究所.

難波博孝（2011）「学習指導要領から考える，読むことの授業づくり」学思会編『国語科授業論叢』

3：1-9.
原田大介（2010）「特別支援の観点から見た国語科教育の問題——発達障害・特別なニーズ・インクルージョンの考察を中心に」全国大学国語教育学会編『国語科教育』68：67-74.
原田大介（2013a）「国語科教育におけるインクルージョンの観点の導入——コミュニケーション教育の具体化を通して」全国大学国語教育学会編『国語科教育』74：46-53.
原田大介（2013b）「インクルーシブな国語科授業を考える——自閉症スペクトラム障害の学習者の事例から」日本教育方法学会編『教育方法42 教師の専門的力量と教育実践の課題』図書文化社：68-81.
原田大介（2014）「学習者のコミュニケーションの実態とことばの授業の可能性——「伝え合う力」をより深く獲得していくために」浜本純逸監修・難波博孝・原田大介編『特別支援教育と国語教育をつなぐ ことばの授業づくりハンドブック』溪水社：4-10.
文部科学省（2008）『小学校学習指導要領解説 総則編』東洋館出版社.

（原田大介）

第8章 インクルーシブな国語学力の構想
―― 「読むこと」の授業づくりをめぐって ――

1 なぜインクルーシブな国語学力なのか

　今日教育現場では，通常学級には特別な教育的支援を必要とする児童生徒が6.5％存在しているという実態が広く認められつつあります。このようななかでたとえば，ADHDの診断を受けた学習者に対しては注意が拡散しないよう，授業中に黒板周囲の掲示物を隠すなど，個の実態に応じた配慮が通常学級でも見られるようになりました。しかしそうした個別の配慮を行いながらも，通常学級にかかわる教員には，すべての学習者がよりよく参加できる授業づくりに困難を感じている場合が多く見られます。こうした課題から，学習者のニーズに合わせて個別の配慮を行う重要性を再確認するとともに，すべての学習者を包摂した，インクルーシブな授業づくりが今後ますます必要になると考えられます。

　しかし国語教育では現在，この状況に対する明確な取り組みはほとんどなされていません。特別支援教育と国語教育をつなぐような取り組みは，一部で草の根的に行われているのが現状です。国語教育における議論は特別な教育的支援を十分に含みうるものにはなっておらず，学習者のニーズに合わせた個別の配慮ということすら，国語教育では議論が深められていません。こうした現状は学校現場と乖離しており，早急なインクルーシブ化が検討される必要があります。

　以上の課題を踏まえ本章では，授業づくりには欠かせない学力論に焦点を当て，すべての学習者に育てたい国語学力とは何かを考えていきます。そのために本章では，国語教育における学力論の実態を確認しつつ，インクルーシブの考え方に近いと思われるユニバーサルデザインの視点に立った国語の授業づくりを取り上げます。その上でインクルーシブな国語学力とは何か，「読むこと」の授業づくりを通して探っていきます。

第Ⅱ部　授業づくりに求められる視点

2　現在の国語学力論

(1)「新しい学力」の台頭

　この十数年 OECD が実施する PISA 調査は，日本の国語教育に多大な影響を及ぼし続けてきました。本調査における読解リテラシーの結果が思わしくなかったことに端を発して，国語教育がこれまで行ってきた「読むこと」をめぐる教育・研究を「従来型の読解力」とし，「新しい学力」としての「PISA 型読解力」と対置させて後者を重視する動きが盛んになりました。文学教育に偏重し，登場人物の心情を読み取る学習活動が中心のこれまでの授業は，「PISA 型読解力」と比べ受動的であると見なされたのです。

　PISA 調査における読解リテラシーが日本の国語教育にもたらした新しさは，「読むこと」には「情報の取り出し」や「テキストの解釈」の他に，「テキストの熟考・評価」が重視される点[1]，テキストの種類として，まとまった文章のような連続テキストだけでなく，図やグラフ，広告などの非連続テキストも「読むこと」の範疇であるとする点です。日本の児童生徒は「テキストの熟考・評価」を求める自由記述問題の無答率が著しく高いという調査結果を受けて，「従来型の読解力」には連続テキストに対する「情報の取り出し」と「テキストの解釈」しか含まれていなかったことが指摘，反省されました。「PISA 型読解力」は，「従来型の読解力」のように受動的な「読むこと」を求めるだけではなく，自らがテキストをどう読んだか，能動的な発信を求める「読解表現力」ともいわれ，「PISA 型読解力」育成には批判的思考力が焦点化されることとなりました。

　以上のような近年の動向は，特別な教育的支援を必要とする児童生徒にとって評価できる一面もあります。文学教育偏重が指摘されたことや，非連続テキストが「読むこと」の対象となったこと，「テキストの熟考・評価」という読みによってテキストの外部から作品や筆者について考えられるようになったことは，たとえば発達障害のある学習者など，テキスト内部に入り込んで登場人物の心情を想像するのが難しい子，まとまった文章を読むことが難しい子にとっては新たな可能性となるでしょう。加えて批判的思考力についても，テキストを読んで内容を受容することが授業の中心となりがちだった従来と異なり，テキストを読んで，テキストそのものをどのように考えるかというスタンスを授業で取り上げられる点，すなわち，テキストの外部という立ち位置を「読むこと」において保障できる点は，学習者一人

84

ひとりの「読むこと」の授業への参加に，「幅」をもたせることができるかも知れません。

（2）学習指導要領への影響

　OECDのPISA調査結果がその都度大きく取り上げられるようになるなか，当時の文部科学省は「PISA型読解力」の育成は国語科だけではなく，各教科等において取り組むべきとする立場を取っており（文部科学省 2005），「新しい学力」は現行の学習指導要領改訂の際にも大きな影響力をもつことになりました。

　その最たる影響は，2008年度版学習指導要領から全教科での言語活動の充実が掲げられたことであり，国語科学習指導要領においても，紹介，助言，討論，推薦，記録，報告，編集，利用などの「言語活動例」が，各領域の学習にて取り扱うべき「内容」として再構成されたことです。また，「書くこと」の領域では「交流に関する指導事項」が，「読むこと」の領域では「自分の考えの形成及び交流に関する指導事項」が新設されことや，「自分の考えをもつ」「自分の考えを明確に」といったような文言が全体的に増加したことも，「読解表現力」とされる「PISA型読解力」の影響であるといえるでしょう。

　「PISA型読解力」の影響は，当然国語科教科書にも顕著に見られます。2008年度版学習指導要領に準拠した教科書では文学教材が減少し，説明的文章や図やグラフ，広告，取扱説明書といった非連続テキストが積極的に採録されています。また文学教材であっても，アーノルド・ロベール作・三木卓訳「お手紙」（光村図書『こくご　二年下』）の学習の手引きに見られるように，「「お手紙」を読んで，「わらってしまうところがある話」と言った人がいます。どうして　そう言ったと思いますか。あなたなら，なんと言いますか。わけといっしょに話しましょう」などといった，「テキストの熟考・評価」を意識するような学習活動が設定されています。以上のように「新しい学力」としての「PISA型読解力」は，今日国語教育の中核をなす状況となり，通常学級における「読むこと」の授業づくりは，「PISA型読解力」を意識した上で取り組まれることとなりました。

3　授業のユニバーサルデザイン研究会の国語学力

（1）桂聖が提案するユニバーサルな国語授業

　こうした国語教育の現状を踏まえ，通常学級におけるすべての学習者が「わか

る」ことをめざす授業づくりに取り組んでいるのが，授業のユニバーサルデザイン研究会（以下，UD研と略）です。ここで，インクルーシブという発想に近似するユニバーサルデザインに着目し，まとまった研究・実践報告がなされているUD研の取り組みを取り上げ，その成果と課題を整理しながらインクルーシブな国語学力について考えていきたいと思います。なお，UD研の国語授業づくりについては代表の桂聖（筑波大学附属小学校教諭）が中心に提案しているため，本章では桂の論を取り上げて，本研究会の国語学力に迫っていきます。

桂聖は，特にユニバーサルな「読むこと」の授業づくりに取り組んでいます。桂が定義する「国語のユニバーサルデザイン」とは，次の通りです。

　　学力の優劣や発達障害の有無にかかわらず，全員の子どもが，楽しく「わかる・できる」ように<u>工夫</u>・<u>配慮</u>された通常学級における国語授業のデザイン。
（桂　2011：17，下線―引用者）

その上で桂は定義中の「工夫」を「授業づくりの「工夫」」とし，国語授業の在り方を見直して，すべての学習者がわかる要件や具体的方法に改善する国語教育からのアプローチとしています。さらに「配慮」については「個別の「配慮」」として，学習者の様々な事例に応じた配慮に関することを特別支援教育からアプローチすると述べています。

また，桂はこうした取り組みを以下のようにも説明しています。

　　これまでの特別支援教育だけの研究では，授業に参加できない子には，他の子とは別のプリントを渡したり，その子だけ作業量を少なくしたりするなど，**バリアフリー的な個別の配慮がありき**だったようです。
　　こうした授業との大きな違いは，まずは国語授業づくりの工夫をするということです。そもそも，わかりにくい国語授業が多いです。まずはそれを改善することが重要です。それでも乗れない子がいた場合には，個別の配慮をしなければなりません。
　　つまり，これまでの研究との決定的な違いは「**授業づくりの工夫をした上で個別の配慮をするという順序で授業をデザインしていく**」ことです。
（桂　2011：19，強調―筆者）

このような立場から，桂は「読むこと」の授業における目標の核に「論理」を据

え，授業の「焦点化（シンプル）」「視覚化（ビジュアル）」「共有化（シェア）」を主張しています。桂によれば「論理」とは「つながり」や「関係」のことであり，「論理的な読み方」を授業の目標にするとは，行動や情景の描写と表現技法をつなげ関係づける「心情の読み取り方」「主題の捉え方」等を学ばせるということなのです。そして「焦点化（シンプル）」とは授業のねらいや活動を絞ること，「視覚化（ビジュアル）」とは動作化や写真，図解等でテキストを視覚的に理解できるようにすること，「共有化（シェア）」とはペア活動により思考過程や「答えの導き方」等を学習者同士で共有することとされています。さらに桂は説明的文章を読む授業について，「要旨や意図の読み方」や「説明方法や論理の捉え方」の学習を重視し，「PISA型読解力」の育成を意識して「評価読み」も勧めています。

　以上，桂やUD研が考える国語の授業では「論理」が重視されており，論理的な話し方・聞き方，書き方，読み方が国語学力であると推察されます。こうした国語学力をすべての学習者に育てる授業づくりの工夫を行い，そのうえで習熟が十分でない子どもには個別の配慮を行う。これが桂や本研究会が考えるユニバーサルな国語授業なのです。

（2）「全体」と個をめぐって

　桂聖が中心となって進めている国語授業のユニバーサルデザインは，これまで国語教育が正面から取り組もうとしなかった特別支援教育の知見を積極的に導入しています。しかも小学校教諭という実践者からの提案は具体的であり，多くの授業実践が報告されています。また，授業の目標を「焦点化（シンプル）」したりテキストを「視覚化（ビジュアル）」したりするなど，特別支援教育の手立てに学びつつ，すべての学習者を包摂する授業方法として明確な提案が行われています。

　しかし一方でUD研の取り組みは，国語授業の目標を定型発達者等，特別な教育的支援を明確には必要としない学習者が対象となっているように思われるのです。さらには個への視点も不十分な印象を受けます。詳しく考えてみましょう。

　桂やUD研が国語授業で重視するのは「論理」でした。特に「読むこと」については，論理的な「心情の読み方」「主題の捉え方」「要旨や意図の読み方」「説明方法や論理の捉え方」「評価読みの仕方」等が学習目標として掲げられていました。しかしこれらの目標を設定し，学習者の実態に合わせて「個別の配慮」を行いながら授業展開するなかで，学習に難しさを感じる学習者も当然見られるでしょう。この点について桂は「個別の目標」を主張します。

個別の配慮をしても「全体の目標」に到達できない子もいます。その場合の「個別の目標」を想定しておくことも必要です。
　　　また，個別の目標が必要な子が授業を積み重ねていって，どのレベルまで到達できるようにするのかも想定しておく必要があるでしょう。
　　　つまり，「指導の工夫」だけでなく，「**個の実態に応じた見通しと配慮が必要**」なのです。
　　　これらの整理は今後の課題です。　　　　　　　（桂　2011：186，強調―筆者）

　つまり，桂やUD研が掲げるユニバーサルな国語授業の目標は，特別な教育的支援を必要とする学習者を「全体」に合わせる・引き上げるといった発想から設定されているのです。桂やUD研は少数者を十分には含みきれない形で，定型発達者や健常者を想定して「論理」という学習集団「全体の目標」を描いているのではないでしょうか。また「個別の配慮」については，UD研の国語授業づくりを牽引している桂は「今後の課題」としています。
　さらに，UD研の「論理」という「全体の目標」は教師・桂側から設定されたものであり，学習者一人ひとりの実態や生活を十分に踏まえた形では考案されていない傾向があります。よって，彼らが考える国語学力は，学習者の実態や生活を十分に踏まえられていない恐れがあります。こうした点からも個への視点は，不十分であるという印象をもつのです。
　以上，UD研の取り組みからは，国語教育に特別支援教育の知見を導入するなど一定の成果を確認することができました。また，「全体の目標」がすべての学習者にとって必要な場合もあるでしょうし，「全体」に合わせた国語学力が求められる場面もあるでしょう。そうした際にはUD研の取り組みが一つの手立てとなりうる可能性があります。しかし，UD研は「国語授業のユニバーサルデザイン」や「全員が楽しく「わかる・できる」国語授業づくり」などを掲げていますが，定型発達者を中心に学習者を想定しているように思われるのです。少数者を十分には包摂しない形での「全体」に求める言語技術（本研究会では「論理」）を，国語学力と捉える姿勢は検討の余地があり，インクルーシブという考え方とは少々立場を異にするといえるでしょう。

4 インクルーシブな国語学力とは

（1）国際的な学力論とエンパワメント

では国語学力をどのように捉えれば，すべての学習者を想定したインクルーシブなものになり得るでしょうか。本章では，先に取り上げた OECD が示す読解リテラシーを日本が解釈した，「PISA 型読解力」の批判も加えながら再び取り上げます。その上でインクルーシブな国語学力を描く手がかりを得たいと思います。

OECD は読解リテラシーについて，「自らの目標を達成し，自らの知識と可能性を発展させ，効果的に社会に参加するために，書かれたテキストを理解し，利用し，熟考し，これに取り組む能力」（国立教育政策研究所 2010：12）と定義します。そして定義中の「参加」については，次のように解説されています。

> 参加には職場，個人的な生活，社会的，政治的，文化的な生活における「個人的願望の充足」と「社会的，文化的，政治的関与」が含まれる。さらに，参加の程度については「個人の解放やエンパワメントに向けた一歩としての批判的スタンス」をできれば含むものとして定義している（OECD 1999：20-21）。
> 　　　　　　　　　　　　　　　　　　　　　　　　（ライチェン 2006：117）

この解説で示された「個人の解放やエンパワメントに向けた一歩としての批判的スタンス」という考え方は，パウロ・フレイレ（Freire, P.）の思想に依る批判的リテラシーと通底しているように思われます[2]。

フレイレは成人への識字教育に取り組んだブラジルの教育学者であり，「読み書き」というリテラシーを単に文字が読めて書けるという機能以上のものであるとしています。フレイレによればリテラシーを身につけるということは，文字によって自己の置かれた状況，生活を認識し，自らを取り巻く社会的，文化的，政治的現実を意識化することであり，自らをこの世界を生きる主体として取り戻すこと，すなわちエンパワメントであるというのです。また小柳正司は，フレイレの思想を理論的基礎とする批判的リテラシーについて，「抑圧された民衆が自らの抑圧された状況を批判的に読み取り，そこから変革と解放の展望を見通していくための道具となるもの」（小柳 2010：155）と説明しています。

OECD が想定し PISA 調査によって測ろうとした読解リテラシーは，学習者の生

活に根ざしたものであり，自らを取り巻く社会の政治性や権力性を批判的に読み取る力なのです。しかし，文化背景の異なる諸国や民族が同一のペーパーテストを受けるという調査形態の限界から，OECDの読解リテラシーに対する理念はPISA調査に十分反映させられなかったと推測します。こうした調査そのものの問題点は確かに存在します。しかし，日本の国語教育はOECDが示した読解リテラシーの理念を十分には解釈できず，また学習者の生活と十分には結びつけないまま，言語技術として「PISA型読解力」を措定してしまいました。日本が解釈した「生きる知識と技能」は，個人の解放やエンパワメントよりも，社会「全体」が必要とする人的資本としての知識と技能に偏ってしまったのです。そして，この問題は国語科の学習指導要領にも，授業のユニバーサルデザイン研究会にもそのまま課題として表出してしまっているのではないでしょうか。

　人的資本として成長するための言語技術だけが，「読むこと」の力なのではありません。学習者一人ひとりの生活から出発し，自分自身や自分を取り巻く世界，社会からの抑圧を読み取ることも「読むこと」の力に含まれるのです。そして後者の「読むこと」こそ，特別な教育的支援を必要とする学習者を含めた，すべての学習者を包摂する力なのではなでしょうか。ここではそのような「読むこと」の力を，「テキストや他者とかかわることによって，自己の置かれた状況や生活に，どのような社会的背景があるのかを読む力」とします。

　たとえば発達障害の特性から人間関係に苦労している子どもにとっては，教材（テキスト）を友人や教員とともに読むことによって，人間関係が難しいという自身の状況を改めて読み取るかもしれません。また，それが発達障害に起因するという社会的背景への読解にもつながるかもしれません。さらに人間関係への難しさは，発達障害とは診断されていない子どもたちにとっても連続した問題，すなわち生活とも言えるでしょう。こうした連続性をすべての学習者がともに読むことによって，「読むこと」の授業は自己理解と他者理解の場となり，一人ひとりのエンパワメントの契機となることが期待できます。こうした「読むこと」の力をインクルーシブな国語学力の一つとして，具体的に描くことはできないでしょうか。

（2）価値目標の充実化

　学習者一人ひとりの生活を起点に，自己や社会を読み取るような「読むこと」の力は，国語科においてどのように具体化できるのでしょうか。ここで価値目標という考え方を考察し，すべての学習者を包摂する「読むこと」の授業づくりを検討しながらインクルーシブな国語学力について考えていきます。

「価値目標」と「技能目標」という考え方は，国語教育学者・輿水実が1957年にウィリアム・S.グレイ（Gray, W. S.）の論を参考にして示した目標論です。輿水は国語科学習指導において，「聞くこと・話すこと・読むこと・書くことの活動を通して得られる『価値』を重視するもの」を価値目標，「聞くこと・話すこと・読むこと・書くことの活動の中にふくまれている『態度』『知識』『技能』，中でもその『技能』，あるいは，そういう意味での『能力』を重視するもの」を技能目標としました（輿水 1975）。そして輿水は価値目標の重要性を指摘し，「国語の使い方，国語スキルは，すべて，人間形成に関係がある」（輿水 1975：142）と主張しています。

　　　言語活動は，何かの内容，何かの目的のためになされる，手段的なものである。その学習指導は，何よりもまずその目的が果たされるようにすることを，目標とすべきであるから，価値目標を忘れてはならない。（輿水 1975：144）

このような輿水の主張を参考にすると「読むこと」の授業において，自己の置かれた状況や生活，社会的背景を読み取ることは価値目標として掲げることができます。
　一つ注意しておきたいのは，価値目標は価値を教え込むことをねらいとして設定されるわけではない点です。学習者一人ひとりの生活を包摂し，「わかる」「読める」の幅を学習者一人ひとりに保障するために設定するのです。そしてこの価値目標は，当然技能目標と相互にかかわり合っています。設定された価値目標から深められる「読むこと」の力は，技能目標として求める「読むこと」の力を相互関連的に習熟させていくのです。

（3）すべての学習者を包摂する国語学力

　以上のように考えるとき，「読むこと」の授業における国語学力は，どのように具体化できるでしょうか。たとえばレオ＝レオニ・たにかわしゅんたろう訳「フレデリック」（三省堂『小学生のこくご　二年』）は，冬に向けて食料等を集め働く野ねずみたちのなかで，フレデリックだけが一見働いていないように見える物語です。しかし実はフレデリックは，厳しい冬を生き抜くために光や色，ことばを集めていたことがわかり，野ねずみたちはフレデリックが集めた光，色，ことばで食料の尽きた冬を過ごしていきます。この物語教材の技能目標は，「登場人物の行動を中心に想像を広げながら読むことができる」などと設定できるでしょう。そして価値目標は，「友人や自分自身の理解されにくさを見つけようとすることができる」などとすることで，特別な教育的支援を必要とする学習者を含む，すべての学習者への

理解の深まりが期待できるかもしれません。このとき「フレデリック」を読む力は，「友人や自分自身の理解されにくさ」を読む力への契機となり，「読むこと」の授業はエンパワメントの場となりうるでしょう。

　また「にせてだます」（学校図書『みんなと学ぶ小学校国語　三年上』）という教材は，昆虫の擬態を取り上げた説明的文章です。本文には，「自分の身を守ったり，えものをとったりして生きているこん虫」「「ぎたい」は，その虫が生きていくための大切な特長なのです」といった記述があります。この教材の技能目標は，「段落に注意しながら話の中心を読み取ることができる」などと設定でき，価値目標は「自分の身を守ったり何かを得たりするために行っていることについて考えることができる」などと設定できます。そこでは「にせてだます」を「読むこと」で，自分自身が何から身を守りたいのか，何を得たいのかを他の学習者とともに考えることができ，自己の置かれた状況や生活と，その社会的背景を読み取るきっかけが生まれるかもしれません。

　以上のような「読むこと」の授業構想は，学習者のニーズにかかわらず，学習者一人ひとりにとっての「わかる」「読める」を認め，評価できる幅を生み出します。また，この幅はいわゆる定型発達者や健常者と言われつつも，何らかの困難を抱える学習者をも同時に認め，評価できる可能性をもつし，技能目標では「わかっている」「読めている」と評価されにくかった学習者への評価を転換する可能性ももつでしょう。価値目標を通して学習者一人ひとりの生活から出発し，自己の置かれた状況や生活とその社会的背景を「読むこと」の力は，すべての学習者を包摂する国語学力，すなわちインクルーシブな国語学力なのです。

注
1）2000年に実施された第1回PISA調査当時は，読みの3つの側面を「情報の取り出し」「テキストの解釈」「テキストの熟考・評価」としていましたが，2009年調査結果公開からは，「情報へのアクセス・取り出し」「テキストの解釈・統合」「テキストの熟考・評価」とされています。
2）OECDの読解リテラシーは，W. S. グレイが提案した「機能的リテラシー」や，P. フレイレの影響を受けてユネスコが作成したリテラシーに関する「ペルセポリス宣言」と深くかかわるという見方もあります（田中 2008；樋口 2010）。

参考文献
桂聖（2011）『授業のUD Books 国語授業のユニバーサルデザイン――全員が楽しく「わかる・できる」国語授業づくり』東洋館出版社.
国立教育政策研究所編（2002）『生きるための知識と技能――OECD生徒の学習到達度調査（PISA）2000年調査国際結果報告書』ぎょうせい.

国立教育政策研究所編（2010）『生きるための知識と技能④——OECD 生徒の学習到達度調査（PISA）2009年調査国際結果報告書』明石書店.

輿水実（1975）『輿水実独立講座／国語科教育学大系第5巻　国語科教育計画』明治図書.

小柳正司（2010）『リテラシーの地平——読み書き能力の教育哲学』大学教育出版.

授業のユニバーサルデザイン研究会編（2010）『授業のユニバーサルデザイン vol. 1全員が楽しく「わかる・できる」国語授業づくり』東洋館出版社.

田中耕治（2008）「学力と評価の新しい考え方——質的に高い学力の保障を目指して」田中耕治編『新しい学力テストを読み解く——PISA／TIMSS／全国学力・学習状況調査／教育課程実施状況調査の分析とその課題』日本標準：13-26.

永田麻詠（2010）「PISA における「読解力」の検討——文学的文章を中心に」，全国大学国語教育学会編『国語学力調査の意義と問題』明治図書：160-168.

永田麻詠（2011）「エンパワメントとしての読解力に関する考察——キー・コンピテンシーの概念を手がかりに」『国語科教育』第70集，全国大学国語教育学会：60-67.

樋口とみ子（2010）「リテラシー概念の展開——機能的リテラシーと批判的リテラシー」松下佳代編『〈新しい能力〉は教育を変えるか——学力・リテラシー・コンピテンシー』ミネルヴァ書房：80-107.

文部科学省（2005）『読解力向上に関する指導資料——PISA 調査（読解力）の結果分析と改善の方向』ぎょうせい.

ドミニク・S・ライチェン（2006）「キー・コンピテンシー——人生の重要な課題に対応する」ドミニク・S・ライチェン／ローラ・H・サルガニク，立田慶裕監訳，今西幸蔵・岩崎久美子・猿田祐嗣・名取一好・野村和・平沢安政訳『キー・コンピテンシー——国際標準の学力をめざして』明石書店：86-125.

（永田麻詠）

第Ⅲ部

インクルーシブ授業を支える学級・学校づくりと教育実践

インクルーシブ授業を実践しようと思ったら，お互いを認め合える学級づくりが大切です。国内外を問わず，インクルーシブ教育を語る研究者や実践家の多くがこのことを指摘しています。

　それでは，どのようにすればインクルーシブ授業を支える学級づくりができるのでしょうか。また，そうした学級を形成しやすくする学校や地域の特徴というのはあるのでしょうか。

　弟Ⅲ部では，こうした授業づくり・学級づくり・学校（地域）づくりの関連を具体的にイメージすることができるように，実践例をもとに述べています。具体的には，学級づくりの原則を整理したうえで，クラスのなかに配慮が必要な子どもがいたときに，どのようなクラスを作り，配慮が必要な子どもを授業に参加させていくかという点を述べています。

　また，インクルーシブ授業を展開するための「学級づくり」に欠かせない，学校経営の指針や，地域と学校の関係などについても指摘しています。さらには，学級づくりと授業づくりを連動できる教師の資質や専門性についてもふれています。

　第Ⅲ部では，現場の教師や元教師による実践を多く紹介しながら，こうした点を具体的に述べています。そのため，インクルーシブ授業についてイメージを十分にもつことができない方は，第Ⅲ部から読んでも良いでしょう。そして，第Ⅲ部を通して，「学校・学級・教師」について見つめなおす機会となればと考えます。すなわち，インクルーシブ授業は，学校や学級，教師が変化することで，子どもたちの変化を促していく「ダイナミックなプロセスである」ということを実感していただければと思います。

第9章 インクルーシブ授業を支える学級づくりの思想と方法

1 子どもの社会の現実とインクルーシブな学級への契機

(1) 子どもの社会に浸透する同化と排除の論理

　1994年に採択された「特別なニーズ教育における原則，政策，実践に関するサラマンカ声明」（以下，サラマンカ声明と略す）および「特別なニーズに関する行動のための枠組み」のなかで示されているように，学校は「子どもたちの身体的・知的・社会的・情緒的・言語的もしくは他の状態と関係なく，『すべての子どもたち』を対象とすべき」場です。この原則に貫かれた教育を展開することは，インクルーシブな（inclusive：包括的な）社会の実現へと向かう重要なステップであると上述の文書は述べていますが，ここで興味深いことはインクルーシブな社会を「歓待するコミュニティ」（welcoming communities）と呼んでいることです[1]。

　翻って，私たちの目の前にいる子どもたちは果たして，互いを歓待する社会を構築しえているでしょうか。学校は子どもたちを歓待し，また子どもたち自身が互いを歓待し合う場となりえているでしょうか。

　周知の通り，学校は同化の論理と排除の論理が絡み合う場として考えられてきました。子どもたちだけではなく教師たちにとってもまた，自分たちのあずかり知らぬところで決められた特定の価値が強要され，その価値を受け入れて生活することが陰に陽に強制されるような同化の圧力が一方で働いています。他方で，こうした価値を受け入れることの難しい存在を排除し，教育や保護の対象とはみなさないようにすることで，同化を受け入れた者たちに「アイツラヨリマシダ」という歪んだ優越感や「ジゴウジトクダ」という自己責任論を刻み込むと同時に，「アイツラノヨウニナラナイヨウニ……」と自ら進んで同化を受け入れながらその集団にしがみついていくような心性を形成しさえして，自由に社会制作を行う機会と経験を子ど

もたちから奪い取ってきたのです。

　こうした同化の論理と排除の論理が渦巻く既存の社会からはじき飛ばされてしまった者は、「弱者いじめの連鎖」(北村 2009) とも形容される、きわめて暴力的な支配‐服従関係を基調とする集団に取り込まれ、そのなかで自分も他人も傷つけながら、なおその集団にしがみついていくという現状があることも、数多く報告されてきました。

　インクルーシブな社会を創造するという壮大な理想の実現を見通しながら、インクルーシブ授業を支える学級づくりを構想するとき、まず何よりも教師や子どもたちが置かれているこうした状況と対峙することが求められます。その上で、同化と排除の論理に基づいた現在の社会情勢を乗り越えていく知性とちからを育み、既存の社会に由来するものとは異なる、オルタナティヴな（＝もう一つ別の）社会に生きる経験を子どもたちに少しずつでも蓄積させていくことが焦眉の課題となっているのです。

（2）子どもの社会のなかにあるインクルーシブな社会への萌芽

　とはいえ、歪んだ優越感や自己責任論にとらわれながら集団にしがみついている子どもたちの社会のどこに、また「弱者いじめの連鎖」のなかにある子どもたちの社会のどこに、インクルーシブな社会を現実のものとする知性とちからを育む手がかりを見いだすことができると言うのでしょう。インクルーシブな社会とは正反対の状況に生きているかのように見える子どもたちの社会に、その状況を反転させていく契機は本当にあるのでしょうか。

　ここで想起されるべきは、「否定のなかに肯定を見る」という、この国の学校の教師たちが大切にしてきた教育実践思想です。この思想は、その子どもの内面に住まっているはずの、まっとうな生き方をしたいと願っている「もう一人の自分」に呼びかけ、励ますこととして理解されてきました（吉本編著 1989）。換言するならば、その思想はまっとうな願いをもつ「もう一人の自分」がその子どものなかに立ち現れるように働きかけていくことを教師に求めていたのです。

　歪んだ優越感や自己責任論にとらわれながら集団にしがみついている子どもたちはしばしば、その集団の価値観に適応できない子どもたちに対して侮蔑的な態度をとるだけではなく、激しい憎悪を募らせもします。曰く、「センセイハアノコニバカリカマッテワタシヲミテクレナイ」「アノコハスコシモガンバッテイナイノニアノコニバカリメヲカケルナンテエコヒイキダ」と。時として教師をたじろがせるこれらの発言のなかにも、「もう一人の自分」を立ち現せていくことは可能なのです。

ここには，自分の存在も肯定してほしいという切なる願いが垣間見えているからです。

「弱者いじめの連鎖」のなかにある子どもたちは，もっと直接的に自分の存在の肯定を求めているということができるでしょう。自身が隷属的な地位にあることを薄々は気づいていたとしても，また他人を傷つけることで自分自身が暴力的な関係からますます抜け出せなくなっていたとしても，自分の存在を認めてくれる関係がここにあると感じているからこそ，彼ら／彼女らはその連鎖にからめとられていくのです。

このように考えるならば，子どもたちは自分たちの社会をつくりあげようとするにあたって，自分の存在が肯定されることをその土台に据えているということが想定されるでしょう。

しかしながら同時に，子どもたちは自分の存在の肯定を勝ち得るために，その社会が求める価値観を体現して頑張り続けることや他人を傷つけることを厭わないといった，ある種の条件を満たす必要があると思い込まされてもいるのです。自分の存在が無条件には肯定されない社会の背後には，「適者生存」の思想あるいは優生思想が見え隠れしています。それはインクルーシブな社会を創造するにあたって，最も根本的な障壁の一つでもあるでしょう。

子どもたちは自分の存在が肯定されることを狂おしいまでに願っている――これこそ，現在の子どもたちの社会にもある，インクルーシブな社会の萌芽となりうるものです。その一方，子どもたちの社会にも浸透している優生思想の影響によって，それは芽生えを阻まれてもいます。無条件に互いの存在を肯定し合う，まさに互いに歓待し合う経験を確かに積み重ねていくことを，インクルーシブな社会の実現に向けた見通しとしてもつことが重要なのです。

(3) インクルーシブな学級の成立へと誘う実践課題

ある体験が自分の存在を無条件に肯定する経験に高まるか否かは，当然のことながら，その子どもが現時点でどのような発達課題に挑戦しているかによって左右されます。

基本的信頼感の形成とその豊潤化が主たる課題となる乳児期の子どもにあっては，生理的・身体的な欲求を満たす細やかな応答，つまり「普通で当たり前のこと」が昨日も今日も明日もずっと続いていくということそのものが，その子どもに自分の存在の無条件の肯定を保障することになるでしょう。幼児期の子どもであれば，同世代の友だちと簡単なルールを共有しながら「みたて・つもり」や「ごっこ」の世

界に没入して遊び込むことが，少年期の子どもであれば，大人たちから学んだ価値観を相対化しつつ，自分たちなりにルールを改変しながら，大人が入ってくることのできない子どもたちだけの世界を立ち上げていく営みに加わることが，自らの存在の無条件の肯定につながる経験となるでしょう。また思春期においては，養育者との関係の再構築という精神的な自立を達成するために必要不可欠な課題に，仲間との親密な関係を支えにして挑戦していく過程そのものが，自分の存在をくり返し肯定していく経験となるのです（船越ほか 2002，サリヴァン 1990）。

　これらの発達課題は一人ひとりが乗り越えていく課題であると同時に，同じ発達課題に挑戦する仲間の存在があって初めて乗り越えられるものでもあります。すなわち，子どもたち一人ひとりに自分の存在を無条件に肯定する経験を保障するということは，一人ひとりの発達課題に応じた活動を集団的に追求していく営みのなかでこそ達成されるのです。

　このことは，教育学とりわけ生活指導論の文脈においては，「個人指導と集団指導の統一的展開」の問題として考えられてきたことでもありました。この問題を，インクルーシブ授業を実現する学級づくりの問題として引き受けながら，次節以降で再検討してみましょう。

2　「特別なニーズ」に応答することと個人指導の視点

（1）「特別なニーズ」のある子どもの捉え方

　「サラマンカ声明」の「学校という場所は……すべての子どもたちを対象とすべき」であるとする主張を私たちの課題として引き受けようとするならば，「特別なニーズ」という概念は，障害児（者）の学習の困難さに由来するというような，ある種の限定的なニーズであるという理解にはとどまりません。障害の有無にかかわらず一人ひとりの子どもたちの多様（diversity）な「事情」——人種や民族，経済状態や社会的地位等々を背景とする——そのものが，その子どもにとっての「特別なニーズ」として把握されているからです。

　子どもたち一人ひとりに自分の存在を無条件に肯定される経験を保障するためには，この「特別なニーズ」に応答していくことが重要な役割を果たすことになりますが，「特別なニーズ」に応答する行為とはいったいどのようなものなのでしょうか。

　そもそも，「特別なニーズ」のある子どもが「問題のある子ども」として浮かび

上がってくるのは，その子どもを取り巻く集団の質が低く，「特別なニーズ」のある子どものユニークさを受け入れることが困難な状況にあるときです。たとえば，授業中に立ち歩いたり教室を抜け出したりする子どもは「発達障害」の特性によるものなのではなく，自分を異質で奇異で，得体の知れない存在として見つめるクラスメートたちのまなざしにいたたまれなくなって，座席に座り続けることができないのかもしれないのです。すなわち，その集団が抱えている課題が「特別なニーズ」のある子どもにおいて最も典型的に問題化するのだと考えられるのです。

しかしながら，「特別なニーズ」はあくまでもその子どもに固有のニーズとして把握されるものであるがゆえに，しばしばそのニーズは社会や他人との関係が断ち切られ，個人の問題に還元されてしまいます。このときその子どもの「特別なニーズ」は，当該の子どもの側から社会やその子を取り巻く関係性の在り様を，ひいては集団の課題を浮かび上がらせ，問い直す可能性を失うだけではなく，多数派の側に刻み込まれた暴力性を免罪する役割すら果たすことになってしまうのです。この場合，「特別なニーズ」に応答する行為は，既存の集団が抱える課題を問うことなく，有無を言わせずその集団に子どもを適応させていく行為に成り下がってしまうことでしょう。

このような行為は，言うまでもなく「サラマンカ声明」が導き出そうとしたものではありません。障害があったり病を患ったりしている子どもも含め，多様な背景を抱えながら生きる子どもたち一人ひとりに対し「あなたのニーズは〇〇ではないだろうか」「そのニーズに応答するために△△をしてみたいと考えているよ」と呼びかけつつ，「△△」の実現のために当該の集団を少しずつ変えていくことまでを含んで初めて，「特別なニーズ」に応答する行為と言い得るのではないでしょうか。

（2）「特別なニーズ」のある子どもに対する個人指導の視点と方法

「特別なニーズ」のある子どもたちのなかには，その生育史のなかで被ってきた影響によって，生活年齢には似つかわしくない発達課題に直面している子どもがいます。こうした子どもたちの発達課題が何であるかを見極めるためには，当該の子どもがヒト（同世代の子どもや大人たち）やモノ（持ち物や服装），コト（身の回りないしは世の中で起こっているさまざまな出来事）に対してどのような関係を結んでいるのか，その関係は彼／彼女の生育史ならびにその生育史を規定する社会情勢からどのような影響を受けているのかを総合的に分析していくことを通して，その子どもの発達課題に関する「仮説」を立てることがまずは重要となります。

この「仮説」を事実によって，すなわち当該の子どもに対する指導の事実とその

指導に対する応答——「無視」も立派な応答です——の事実によって検証しながら，彼／彼女の発達課題を明確にしていく営みを不断に続けていくことが求められているのです。

たとえば，中学校の教師である高木安夫氏は，隆信という大きな課題を抱えた子どもとの出会いの場面について次のように記しています（大峯ほか 2013：137）。

> 出会いの日，教室に入ると，かなりの生徒が席についていない。
> 「着席しなさい」と言うと，ぞろぞろ移動し始めた。しかし，隆信は自分の席とは反対の方向に移動する。私はそれを視野の隅にとらえながら，他の生徒が着席するのを待った。隆信以外の生徒が席に着いたのを見計らって，「急ごか！」と隆信に声をかけた。隆信は周りを見渡してから自分の席に移動して行った。
> これまでの実践経験から直感していたのは，隆信は，自分以外に着席していない生徒がいるのに自分に向けて指示を出されれば，きっと「なんで俺だけやねん」「また俺ばっかり」と思って反抗的になるはずだということだった。

ここで高木氏は，「隆信以外の生徒が席に着いたのを見計らって」隆信に声をかけ，「周りを見渡してから自分の席に移動」する彼の姿を意識的に見つめています。隆信が示すこうした事実を分析することを通して彼の基本的信頼感の希薄さをあぶり出しながら，彼が「キレ」なくても済む状況を創りだし，そのことによって「キレ」ることなく教師の指導を受け入れる彼の姿を周りの子どもたちに見せているのです。

とはいえ，時には「仮説」の修正が教師自身のものの見方や考え方の修正を厳しく迫る場合もあるでしょう。自身が既存の支配的な価値観に抗うことも疑問に思うこともなく適応してきた場合には，自らの生き方に対する重大な変革が要求されていると感じることもあるかもしれません。

他方で，「特別なニーズ」のある子どもの側から既存の支配的な価値観を問い直し，インクルーシブな社会の方へと歩み始めることを決意したとしても，他でもないその子ども本人から「おまえのことを本当に信頼してもよいのか」と何度もくり返し試されることになります。加えて，個人的なニーズに配慮することは公的な場でのふるまいとしてはふさわしくないとして，その子どもとともに教師自身も排除されてしまうような情勢があることは，さまざまなところで報告されています。こうした状況のなかで「特別なニーズ」のある子どもへの関わりを断念し，彼ら／彼

第9章　インクルーシブ授業を支える学級づくりの思想と方法

女らを排除する側に与することを選びとってしまう教師たちもいることでしょう。

しかしながら，上述したように「特別なニーズ」に応答するということは，既存の秩序や枠組みの問題性を明るみに出し，変革していく闘いに臨むことであります。このことは必然的に，その秩序や枠組みのなかで生きてくることのできた教師自身が，自らの身体に刻み込まれた問題性に気づき，それを克服して新たな自分に生まれ変わろうとする闘いに臨むことでもありましょう。これらの闘いに臨む者であろうとしたときに初めて，教師は「特別なニーズ」のある子どもと出会い直すことができるのです。

「ケア実践には，矛盾や軋轢，さらには不満が内在する」と岡野八代氏は喝破しましたが（岡野2012：153），「特別なニーズ」のある子どもの側に立って教育実践を展開していこうとすればするほど，自らが所属する集団やともに歩きたいと願った子ども（たち）との間に，さらには他でもない自分自身との間に軋轢が生じてくることになるでしょう。既存の支配的な価値観こそがインクルーシブな社会の成立を阻んできたのですから，このことはむしろ必然だと言ってもよいかもしれません。インクルーシブな社会へ向かう歩みを進めているからこそ，軋轢が生じてくるのです。換言するならば，その軋轢のなかにこそ，子どもたちの発達課題を明らかにする手がかりが潜んでいるとも考えられるでしょう。この事態を客観的に分析しつつ，指導を展開していくことが必要となってくるのです。

(3) 指導の進展と問題行動の再開

「特別なニーズ」のある子ども（たち）の発達課題に関する分析が明確となり，的確な指導が進んでいけばいくほど，彼／彼女は再び問題行動を頻発するようになる可能性があることをあらかじめ考慮に入れておく必要があります。その行動は，表面的には教師への裏切りにしか見えないことが多く，「やはりこの子どもには何をしても無駄なのだ」という諦めの境地へと教師を誘う力が非常に強いため，インクルーシブな学級を創りあげていく上での最初の正念場とも言ってよいでしょう。

たとえば，学級内クラブの取り組み等を通して，ようやく学級のなかに居場所を見い出し，学級の友だちとつくる世界を楽しんでいるように見えていた小学校高学年の子どもが，急にその友だちたちを避け始め，地域の中学生たちと行動を共にしつつ，学校にも来なくなるという事例がいくつも報告されるようになっています。こうした事態をどのように分析し，次の指導を構想すればよいのでしょうか。

この問題を考えるにあたって，サリヴァンは以下のような興味深い指摘を行っています。曰く，「人間が一つの発達段階の敷居をまたぐ時には，それ以前に過ぎ

去ったことすべてが，影響を受けやすい状態になる」のであり，「一つの発達段階の開始期は，その人がそれまでにこうむったものに由来する，人格の脆弱箇所をかなり傷めつけることがある」と（サリヴァン 1990：256, 257）。この指摘が的を射たものであるならば，上述の小学生たちはおそらく，本人たちも自覚がないまま新しい発達課題に挑戦し始めた子どもたちであったのではないでしょうか。

　教師の指導を受け入れることで，今までの自分にはなかった友だちの世界が生まれ，その世界に生きるなかで今まで乗り越えることができていなかった発達課題を急速に克服していった暁にぶつかった，思春期の課題。この課題に立ち向かう上では，周りの友だちはいかにも幼く見え，かつ自らの育ちに由来する基本的信頼感の希薄さは，そうした友だちを深く信頼することを躊躇させるからこそ，年上の子どもたちのもとへ魅入られたように惹かれていくのではないでしょうか。さらに，そうした「先輩」たちが自らと同様の境遇に生きてきた子どもたちであった場合，学級の子どもたちほどには自分とのちがいを意識させられることもなく，つまり「現実から逃避する」ことを可能にするがゆえに，学級の友だちたちのもとに帰ってこれなくなっていると考えることはできないでしょうか。

　指導がうまくいっているという手応えがあるときこそ，自らの指導は子どもたちにどのようなちからをつけており，どのような経験を蓄積させているのかを子どもたちの応答の事実に基づいて客観的に分析しつつ，そのことによってどのような事態を準備することになっているのかを見通しながら今後の指導構想を練っておく。このことが，誰一人として排除しない学校を創りだす上での重要な視点なのです。

3　インクルーシブな社会を形成することと集団指導の視点

（1）インクルーシブな社会の形成者を育てることと行動の指導

　インクルーシブな社会とは，それを構成する材料一式がまだ見ぬどこかに用意されていて，その材料一式を組み立てるならばたちどころに出現するような類のものではありません。今はまだイクスクルーシブな（exclusive；排他的な）社会を少しずつインクルーシブな社会の方へと変革していく行動の積み重ねが，インクルーシブな社会の実現へとつながっていくのです。

　このことにかかわって，この国の生活指導論は，行動のもつ教育力にかねてより注目してきました。行動には，行動した人間自身を教育する力＝自己形成力が備わっているとし，人間は環境を変更することによって自己自身を変更する存在であ

ると捉えてきたのです（全生研常任委員会編 1971：34）。このとき，指導の焦点は行動の指導をいかに行っていくのかにおかれることとなります。ここでいう行動の指導とは，行動を強制することとは全く異なります。生活指導論が明らかにしてきた行動の指導とは，行動の結果およびその過程のなかで生み出されたもの——具体的な成果物や社会的な関係性——が行動した主体にどのようにはね返っていくのかを自覚的に捉えることによって，その行動が子どもたちを民主的な人格の形成へと向かう力を発揮するように指導することなのです（同：40）。

　インクルーシブな社会の創造にあたっては，行動の結果およびその過程のなかで生み出され，子どもたちに「はね返っていく」社会的な関係性がインクルーシブな性質を備えているないしは，備えつつあるかどうかが決定的に重要となるでしょう。したがって，子どもたちが現在の関係をよりインクルーシブな関係へと変革していくことで，自らをインクルーシブな社会の形成者として育てていくような経験を保障する場が必要となります。ここで，生活指導論が集団指導を「子どもたちをまとめ，適応させる」ものとして捉えたのではなく，子どもたち自身が社会的実践主体として集団をつくりかえていくことに集団指導の主眼をおいていたことを想起すべきでしょう。

　では，子どもたちが既存の集団をインクルーシブな集団へ向かって変革していく経験を集団指導の問題として引き受けようとするならば，何をこそ指導のポイントとして押さえておく必要があるでしょうか。

（2）集団の形成および発展と自治的活動の指導

　そもそも，現在の社会を特徴づける能力主義と自己責任論の影響を強く受けている子どもたちが，既存の集団の変革に自ら取り組んでいこうとすることなどありえるのでしょうか。ありえるとするならば，それはどんな時なのでしょうか。

　これらの問いに対する応えは，この国の教師たちが実践を通して何度も確かめてきた原則のなかにあります。その原則とは，「楽しいことには集う」というものです。

　ここでいう「楽しいこと」は，直面している発達課題の如何によって「楽しいこと」の内容や楽しむための方法が変わってくるということに注意を払っておきましょう。すなわち，幼児期の課題にぶつかっているならば「ごっこ」の世界に入って遊ぶことが，少年期の課題にぶつかっているならば，たとえば「Sケン」と言われる遊びのような，集団と集団が知恵を出し合って競い合うダイナミックな遊びに参加していくことが，多くの場合に「楽しいこと」として子どもたちに選びとられ

第Ⅲ部　インクルーシブ授業を支える学級・学校づくりと教育実践

ていくのです。

　「楽しいこと」が発達課題の如何によって変化するということは，換言するならば，発達課題を同じくする者同士がその「楽しいこと」を媒介に引きつけられるようにして出会い，集団を創りだしていくことが可能であることを意味しています。また，集団になれば子どもたちは何らかのトラブルを必然的に起こすことになりますが，「楽しいこと」で集まっている者たちだからこそ，「楽しいこと」を続けていくためにもなんとか知恵を出し合ってトラブルを乗り越えようとすることができるのです。

　こうした集団の形成と発展の見通しをもっていたからこそ，また既存の社会情勢の影響を受けた子どもたちは互いを傷つけ合うような関係を取り結んでいると分析していたからこそ，生活指導を大切にしている教師たちは，「楽しいことには集う」という原則を自治的な活動として展開できるように指導してきたのです。具体的には「遊びのお店屋さん」や学級内クラブと言われるような楽しい活動を学級総会での承認事項に位置づけることで，その活動を「なかよし」グループに閉じられたものではなく，学級や学年，さらには異学年の子どもたちにも開かれたものとして展開するようにうながしながら，子どもたちが集団を自ら創ったり拡げたりし，なおかつその集団の質を自ら変革していく経験を保障しようとしてきたのです。

　このような経験を豊かに蓄えた子どもたちは，自分たちの活動の舞台を児童会や生徒会の活動にまで拡げていき，子どもたちの側から学校づくりに参加したり，苦悩する仲間に寄り添い，励まし合いながら困難を乗り越えていく関係を卒業後も続けたりするまでに成長していくことを，実践の事実は私たちに知らせてくれているのです[2]。

（3）インクルーシブな学級づくりと知性の形成

　先に述べたように，集団になれば子どもたちは必ずトラブルを起こしますが，「楽しいこと」を続けていくために知恵を出し合ってそのトラブルを乗り越えようとしていきます。では，そのトラブルを乗り越える知恵の源泉は何なのでしょうか。

　インクルーシブな学級づくりを見通していく上で忘れてはならないことは，子どもたちの障害の特性に関する理解やそれへの対応方法にとどまるものではありません。子どもたちが行動の結果や過程のなかで創りだした社会的な関係性は子どもたちにはね返っているのだということを，今一度思い起こしましょう。その「はね返る」という作用によって子どもたちは誰しも，たとえ目には見えなくとも自らの感情を制御できないほどに傷つけられている可能性があるのです。

このことに関わって，小学校の教師である村瀬ゆい氏は，ある少年の次のような言葉を聞き取っています。

　　いつでもおれが悪もんやった。怒られるだけやった。無理やり謝らせられた。父さんにも殴られていた。でも，今はちゃうねん（ちがう）。みんなわけを聞いてくれる。はじめからおれが悪いって言われへん。……あーあ，すぐ蹴ったり，叩いたりしてしまうんは，何でやろ。おれの手や足が言うことをきいてくれたらいいのになあ。暴力がやめられたらいいのになあ……。

（篠崎・村瀬　2009：66）

　この少年は，訳もなくすぐに暴力をふるう「問題児」として見られていた子どもでした。しかし，村瀬氏の指導のもとで「必ずわけがある」が合い言葉にまでなっていた学級の仲間たちの支えのなかで，こうしたつぶやきを村瀬氏に語るまでに彼は成長しているのです。このつぶやきは，彼のなかに「もう一人の自分」が芽生えていて，その「もう一人の自分」が現実の彼に対して語りかけるという体裁をとっています。これはまさに「必ずわけがある」と語りかけてくれる仲間たちと培った社会的な関係性が彼にはね返った姿に他なりませんが，ここにインクルーシブな学級や社会を創りだしていく上での大きなヒントがあるのです。
　「必ずわけがある」と考えることは，相手に同情したり共感したりするだけでは成立しません。「わけを考える」ということは，なぜそうなのかを知的に理解していこうとすることなのです。もちろん，抽象的に思考することが難しい段階にある子どもたちにとっては，その子どもが暴力をふるわずにはいられないようにさせているなにものかにまで想像をめぐらせることは難しいでしょう。しかし，具体的で直接的な「わけ」を明らかにしていこうとする知的な習慣を身につけた子どもたちは，直接的な「わけ」の背後にある根本的な「わけ」に向かう知的な探求に挑戦していくことができるようになるでしょう。
　「わけ」を探求する知性こそ，インクルーシブな社会の形成を阻んでいる何ものかを暴き出すものであり，その克服の在り様を模索するうえで大いなるちからを発揮するものです。困難な状況にある学級であればあるほど，その知性をみがく「教材」には事欠かないでしょう。その意味では，困難な状況にある学級を前にして立ちすくみ，途方に暮れている教師こそ，インクルーシブな社会を形成する営みの最前線で闘っている先駆者なのです。そうした教師たちと手を携え合い，子どもたちが荒れる「わけ」を知的に探求し合いながら，子どもたちともにインクルーシブな

第Ⅲ部　インクルーシブ授業を支える学級・学校づくりと教育実践

社会へと向かう関係性を築き出し，その関係性に由来する「はね返り」を受けて互いに成長し合うこと——このことが，インクルーシブな学級をつくり，インクルーシブな社会を形成していくもう一つの重要な視点なのです。

注

1）http://www.unesco.org/education/pdf/SALAMA_E.PDF
　なお，翻訳にあたっては以下の資料を参考にした。国立特別支援教育総合研究所訳「特別なニーズ教育における原則，政策，実践に関するサラマンカ声明」
　http://www.nise.go.jp/blog/2000/05/b1_h060600_01.html

2）このことに関わっては，佐々木健（2000）「口笛でかきまわされる入学式——幼児と少年のはざまで揺れる子どもたち」（『学級崩壊——かわる教師　かえる教室　第Ⅱ巻　小学校低学年「初めての学びと自分づくり」』，9-36）および大峯岳志（2013）「豊かな少年期をつくる小学校高学年の指導——子どもたちの旗を守って」（『Kの世界を生きる』，17-56）という2つの実践記録を関連づけつつインクルーシブの観点から検討していくことが，インクルーシブな社会を形成していく指導論の構築に大きな示唆を与えると思われる。なお，筆者が大峯氏より伝え聞いた，卒業を前にした子どもたちが彼に語った「先生たちはわたしたちを信頼してくれて，やり方を教えてくれて，任せてくれて，見守っていてくれた」という言葉もまた，子どもたちの自治的活動を考える上できわめて重要な示唆を私たちに与えている。

参考文献

大峯岳志ほか（2013）『Kの世界を生きる』クリエイツかもがわ．
岡野八代（2012）『フェミニズムの政治学——ケアの倫理をグローバル社会へ』みすず書房．
北村年子（2009）『「ホームレス」襲撃事件と子どもたち』太郎次郎社エディタス．
サリヴァン著，中井久夫ほか訳（1990）『精神医学は対人関係論である』みすず書房．
篠崎純子・村瀬ゆい（2009）『ねぇ！　聞かせて，パニックのわけを』高文研．
全生研常任委員会編（1971）『学級集団づくり入門　第二版』明治図書．
船越勝ほか（2002）『共同グループを育てる——今こそ，集団づくり』クリエイツかもがわ．
山本敏郎ほか（2014）『新しい時代の生活指導』有斐閣．
湯浅恭正編著（2000）『学級崩壊——かわる教師　かえる教室　第Ⅱ巻　小学校低学年「初めての学びと自分づくり」』フォーラム・A．
吉本均編著（1989）『新・教授学のすすめ②　否定のなかに肯定をみる』明治図書．

（福田敦志）

第10章　インクルーシブ教育を支える学級集団づくり・授業づくり

1　はじめに

　通常学級には，発達障害（医療機関で診断されていない子どもも含めて）などの特別な教育的ニーズをもつ子どもたちが学んでいます。そうした子どもたちのなかには，知的な遅れをもたない場合でも，読み書きに困難を示す子どもがいます。また，離席したり友だちとのトラブルが絶えなかったり周りのことが気になったりして，授業に集中できない子どももいます。こだわりがあって1つの考え方にとらわれたり場面の切り替えがスムーズにいかなかったりして，学習課題に向かいにくい子どももいます。あるいは，国語の授業で文学作品の登場人物の気持ちを考えるといった想像がしにくい子どももいます。
　そんな子どもたちも学びたいという強い願いをもっています。彼らが進んで参加できる学習内容や支援のあり方などを考えた授業づくりが追求されなければならないと考えます。
　ここでは，特別な教育的ニーズをもつ子どもたちもいきいきできる学級集団づくり，授業づくりについて，太一君（仮名：筆者が小学校2，3年生で担任）のいた学級の実践をもとに考えてみたいと思います。

2　太一君と学級の様子

（1）太一君のいた学級の様子
　太一君のいた学級は，24人と比較的少ない人数でした。学級の子どもたちは，明るく活発で落ち着いている子どもが多かったです。係活動やお誕生日会などの学級

活動を積極的に行っていたので,朝の会で遊び係が中心になって遊びの会を進めていたりしました。また,お誕生日会の出し物では,漫才をするグループがいくつもあって,自分たちでネタを考えて休み時間や放課後に練習し,本番でテンポよくやって,みんなを笑わせてくれました。手作りおもちゃの"パチパチ花火"を作った時には,私が休み時間が終わって教室に入っていくと,みんなで一斉にその"パチパチ花火"をあげて驚かせてくれたりしました。そんな楽しい学級でした。ある時,「先生,今日はしゅん君が休んでいるから,まあ君1人では給食当番の小おかずができへんわ」と気づいてくれる子どもがいて,「じゃあ,しゅん君の代わりに誰かやってくれる人」と聞くと,何人もの子どもたちが「やりたい」「ぼくがする」と元気よく手を挙げてくれる,そんな優しい子どもたちでした。

(2) 太一君の様子

太一君は2年生の後半に,医療機関で高機能自閉症と診断されています。

授業中は,自分の興味のある内容の学習では,一定の集中を示しますが,そうでないと授業に集中できず,ノートの端に絵を描いていることもありました。また,国語の学習では,文学作品の登場人物の気持ちや感想文などが書けないこともありました。言葉で表現することや想像することが苦手なのだと考えられました。

行動面では,1つのことにこだわり出すと次の行動に移れないことがありました。たとえば,6時間目の生活科の時間に,おもちゃ作りの計画表を書いていて,終了のチャイムが鳴って「お帰りの用意をしましょう」と声をかけて,周りのみんなが帰りの用意をして「終わりの会」が始まっても,ずっと,その計画表を書き続けていました。「終わりの会」の終了間際に「太一君,お帰りの用意しないの?」と私が声をかけると,やっと周りの様子に気づいて動き出すのでした。また,給食の時間に,その日は給食当番だったのですが,自分の箸箱が壊れたと言って直そうとずっと触っていて時間が過ぎてしまい,給食当番の仕事ができなかったこともありました。

給食の片づけの時に,2人の友だちが持っている牛乳瓶の入った箱の上に,太一君が牛乳瓶の入ったもう1つの箱をどんと乗せたので,乗せられた子どもたちはびっくりして手を放してしまい,牛乳瓶が廊下に転がり落ちたことがありました。「牛乳瓶が割れたら危ないやん。なんでそんなことしたん」と聞いても答えませんでした。特に理由はなかったのかもしれません。

自分から友だちにかかわっていくのですが,友だちとの距離感が測れなくてくっついていくので,少し敬遠されてもそのことが分からずくっついていき,「くっつ

き虫」と友だちに言われたことがありました。うまく口で言い返せなくて友だちの肩の辺りを何度も頭突きして，止めに入らないといけないことがありました。

　学級で缶けりの遊びが流行った時に，太一君は，鬼の子どもの隙を見て缶を蹴りにきていました。しかし，「鬼の子の後ろから滑り込んできたらその子がこけて危ないから，絶対に後ろから滑り込んできてはいけません」とあらかじめ話しておいても，鬼の子の後ろから滑り込んで来ていました。

　このように，太一君は，場面の切り替えがすぐにできなかったり，1つのことにこだわってしまってその時にしなければならないことができなかったり，友だちとの距離感がとれなかったり，こちらの言った意図が受けとめられないことなどがありました。

3　太一君へのかかわり方と学級集団づくりの方針

　上記のような状況のなかで，太一君への関わり方と学級集団づくりにおいて，次のような方針をたてて実践することにしました。
① 太一君には，その時々で，何をすべきか優しく具体的に話して，行動を促すようにする。
② 太一君の話をていねいに聞くようにする。太一が宙に向かって話しているような時にも，その言葉を拾って対話にしていく。
③ 何かコトが起きた時には，太一君や周りの子どもたちから状況をていねいに聞き取り，太一君にその時の様子を分かりやすく解説する。双方の気持ちを聞いて，お互いの気持ちを伝えるようにする。
④ 学級の子どもたちが，太一君に注意する時には，優しく言うように，言動で太一君を追い詰めないようにと事前に指導する。
⑤ いろいろな楽しい学級行事や取り組みを行うなかで，友だちとの関わりの場をつくる。楽しい学級集団づくりのなかで，太一君の居場所や出番をつくっていく。
⑥ 太一君は言葉で表現する力が弱いので，言葉の力を育むようにする。文学や詩の授業，生活綴り方の取り組み，読み聞かせや群読，劇の指導などを積極的に行う。どの授業においても，太一君が具体的に考えることができるように，授業内容や教材などの工夫をする。
⑦ 学級通信を毎日のように発行して，学習している内容や重要ポイント，保護

者に伝えたいこと，学級の様子，子どもたちの作文や詩，感想文，観察画等を載せて，保護者と子どもと担任がつながるようにする。

4 楽しい学級集団づくりのなかでできる子どもの居場所，仲間意識，そしてつながり合う子どもたち

　特別な教育的ニーズをもつ子どもが学級のなかで居場所や出番をもち，楽しく生活するためには，学級集団をしっかりつくることが大切です。学級のすべての子どもたちにとって，学級が楽しいと感じられ，自分たちが大切にされていると実感できることが，特別な教育的ニーズをもつ子どもなど，より弱い立場に立っている子どものことを思いやり優しくできることにつながっていくと考えます。どの子も大切にされる学級づくりそのものが，大切なことなのです。

　具体的には，集団遊びやお誕生日会，学級オリンピック，学級内クラブなどの楽しい取り組みとともに，読み聞かせ，群読，手作りおもちゃ作り，また，子どもたちの作文を読みあうことなどを通して，子ども同士がつながり，子どもたちが，仲良しで穏やかな学級になることを心がけてきました。また，こうして子ども同士が関わりあえる機会をたくさんつくることで，太一君や周りの子どもたちが，日々の生活を通して人間関係を学ぶことができるようにしてきました。

　上記のような取り組みのなかで，ここでは，学級内クラブの取り組みについて紹介します。

　学級の子どもたちが好きなこと，やりたいことでつながります。2人集まれば好きなクラブが作れます。入りたい人は必ず入れてあげます。やめたい時はメンバーに言って自由にやめられます。自分のできる範囲でいくつのクラブに入ってもいいのです。活動時間は，学級会の時間や休み時間，放課後。互いに約束事を決めて，練習したり，作業したり，発表会をもったり，生き物を飼ったり，教室の後ろの黒板や教室の壁に模造紙を貼った所に自分たちの作品を掲示したりできます。この学級では，マンガイラストクラブ，ダンスクラブ，物語クラブ，ポケモン大好きクラブ，マラソンクラブ，ハムスタークラブ，折り紙＆工作クラブ，ブーメランクラブ，紙飛行機クラブ，みいちゃんクラブなどができて，どのクラブも活発に活動しました。もちろん，短期間のものや，できてすぐに消滅したクラブもありました。マラソンクラブは暑いなかでも毎日よく走っていました。その様子を写真に撮って教室の後ろの黒板に貼ってあげました。物語クラブは自分たちの作った物語を発表し，

ダンスクラブは自作のダンスを休み時間に練習しみんなの前で披露してくれました。ハムスタークラブはハムスターの世話をよくしその絵を描いて掲示していました。みいちゃんクラブは私が授業中に時々登場させるミッフィーのお人形の徹底研究をして紙に書いていました。

太一君は，ポケモン大好きクラブに入り，友だちと大好きなポケモンについての話をしながら，自分たちの描いたポケモンの絵を壁に模造紙を貼った所に掲示していました。学級の子どもたちは太一君の描いたポケモンの絵を見て「うまいなあ」と言っていました。彼の精密な描画力が発揮されていて，子どもたちは彼の絵のうまさを認めているのでした。また，ポケモンクラブの子どもたちは，自分たちの描いた絵を友だちにプレゼントすることもあり，もらった子どもたちは大喜びでした。太一君の描いたポケモンの絵が友だちを喜ばせていました。

このように，学級内クラブは，少年期の子どもがエネルギーを発揮できる，自主的活動として，たいへん意味深かったです。また，太一君のように大勢の友だちとの交流が苦手な子どもにとって，自分の好きな活動を共通の興味をもつ数人の友だちと楽しみながらすることで，その友だちと会話したり他の友だちから認められたりして，心地よい時間を過ごすことができたと思います。

5　生活綴方を通して育つ子どもの内面とつながる子どもたち

子どもたちの書いた作文を学級で読み合う生活綴方の授業を大切にしてきました。子どもたちが，自分の生活のなかから題材を見つけてありのままに書く，書いた作文をプリントにして読み合い，友だちが質問したことを作者の子どもが答えたり，いいなあと思ったところや感想を言い合ったりします。そんなことを繰り返すなかで，子どもの書きたい気持ちが育ち，また，お互いをより深く知り合ったり仲良くなったりして，子どもたち同士がつながっていきます。

書くことは，子どもの内面を表現することであり，また，書くこと・読み合うことで子どもたちがつながっていくのです。

太一君は，2年生の初め頃は，「書くことがない」といって，なかなか作文が書けなかったのですが，2年生の後半頃になって，学級の友だちの作文を読み合ったりして，仲良くなり気心が知れてきて安心してきたこともあってか，自分の経験したことは少しずつ作文に書けるようになってきました。

次の作文は，2年生の10月に書いた運動会の後の作文です。

「大だまおくり」
うんどう会のさい後のほうの大だまおくりの1回せんで，はじめて白組がかちました。
さい後に赤組がかってひきわけになったけど，1回せんでかててうれしかったです。

　3年生の秋の遠足の後に書いた作文では，授業中には題名と3行しか書けなかったのですが，「もうこれで出す？」と尋ねると，「家で書いてくる」というので，連絡帳に「しゅくだい　作文のつづき」と書かせて持って帰りました。お母さんが家で見てくださったようで，「声かけはしましたが，自分で書いていました」ということで，自分で次のような作文を書いてくることができました。学校の授業時間だけでは時間が足りなくて，自分の家という落ち着いた環境のなかでは，遠足のことをゆっくり思い出して，次のような長い作文が書けたのでしょう。

「雨だったけど楽しかった遠足」
　遠足ですま海ひん水ぞく館に行きました。バスで1時間も乗るって聞いたときびっくりしました。
　入ってすぐに大水そうがありました。大きなエイが決まった場所をぐるぐる回っていました。イルカライブは，まち時間が長かったけど，面白かった。電気ウナギは，きゅうに高い音がでてびっくりしました。おべん当は，ひさしぶりにパパが作ってくれました。おいしかったです。おやつは，うまいぼう6本と，しみコーン3本と，コーラシガレット1こでした。おいしかったです。その後，かめをさわりました。皮ふがかたかったです。帰り道にバスの中で，「ドラえもん」を見ました。面白かったです。遠足楽しかったです。

　3年生の12月には，男子数人で学校の校庭の隅っこに秘密基地を作ることがはやり，その時の様子を作文に書くことができました。太一君も書きたい暮らしができていると文章が綴れるのだと思います。そのとき書いた作文は次のものです。

　ぼくは，さい近○○君たちと，いっしょにひみつチキンで遊んでいます。（ひみつチキンの意味は，ひみつき地の事です。）そして，そのひみつチキンの近くにあるところで土をたがやしたりしています。そして，ここは，この人の部屋というふうに，決まっています。ほかの人がこないのなら先生も来ていいよ。

ということで、この作文を読んでから、太一君たちに了解を得て、早速、「ひみつチキン」を案内してもらいました。校庭の隅っこ、体育倉庫の裏側にあり、古い長い木の棒や竹が横たわっていました。そして、「ここが○○の部屋やで」などと教えてもらいました。その横にある築山のようなところを畑だといって、棒切れでせっせと耕したりしていました。みんな笑顔でした。こんな楽しい生活があるからこそ、太一君は普段あまり書けない作文が書けたのだと思います。

　その日の終わりの会で、秘密基地のメンバーの一人が「今日、先生がひみつチキンに来てくれてうれしかったです」というと、太一君も「同じです」といいながらVサインを出していました。

　3年生の3学期に作文の授業をした時に、友だちの作文を読み合いました。その作文に書かれている雪遊びは、太一君も一緒にしたことなのでよく覚えていました。彼はすべり台を滑った時の様子をみんなに話してくれました。また、自分が経験したことなので「正直、雪だるまがこわれたときはショックだった」と感想文も書くことができました。

　このように学級のみんなで作文を読み合うなかで、だんだん、太一君は、楽しかったことや心に残ったことを中心に出来事や気持ちなどを作文に書くことができるようになってきました。また、作文の授業のなかで、発表したり友だちの作文の感想も書いたりするようになりました。

6　ていねいなかかわりと彼のことを受けとめてくれる仲間のなかで変わる太一君

　太一君へのていねいなかかわりや、毎日の生活のなかで、学級の子どもたちが少しずつ太一君のことをわかってくれるようになってきたことで、次のような変化が出てきました。

〈友だちに謝れた〉

　2年生の11月のある日の昼休み、私がたまたま教室にいないときにトラブルは起きました。チャイムが鳴っても席に座らない太一君に「ちゃんと席にすわりーやー」と言ってくれた子どもが何人かいました。注意してくれたことはよかったのですが、結果的に、言葉でも行動でも太一君を追い詰めたみたいになったようで、太一君がその場で手を振って、注意してくれていた正雄君に当たり、正雄君がバラ

ンスを崩し，机の角っこで頭を打ってしまいました。当初，みんなから訳を聞くと，太一君が正雄君を押したといっていました。しかし，私は，太一君の話を聞いていると，わざと正雄君を押したのではないことがわかったので，学級の子どもたちに，太一君がわざと押したのではないこと，太一君の手が正雄君に当たってバランスを崩してこけてしまい頭を打ってしまったことを話しました。そして，みんなには，太一君に注意する時には優しくいうこと，決して追い詰めないようにすることを話しました。また，太一君に「みんなにいわれたらすぐに座ればよかったね」と私がいうと，「うん」といい，「太一君はわざと押したのではないけど，正雄君にごめんねっていえる？」と聞くと，「ごめんね」と言えました。

〈自分の気持ちが言えた〉

　2年生の秋ごろ，健太君が昼休みに私のところへ来て，「太一君に胸のへんをたたかれた」といいました。太一君によく訳を聞いてみると，普段はなかなか訳がいえないのに，この時は「ぼく，女子便に入ってないのに，入った，入ったってしつこく言われた」と言って半泣きになっていました。女子の便所に入ってないのにしつこく言われて嫌だったので叩いたという自分の気持ちが言えたのがすごいと思えました。また，半泣きになるということは，それだけ心が動いているということだから，そのことも嬉しく思いました。5時間目の初めに，太一君がちゃんと理由が言えたことをみんなの前でほめると，自然とみんなから拍手がおきました。そして，「太一君がわざと女子便所に入ったんじゃないことわかってあげてね」とみんなに話しました。私は，太一君に「女子便に入ってないのに，入ったって言われて嫌やってんな」と共感すると，太一君は「うん」といって，普段はあまり触らせてくれない手を握らせてくれました。

〈会話に参加するようになってきた〉

　授業の合間に，私が以前受けもった1年生の子どもで，「朝学校に来る時に，ランドセルを家に忘れてきたことがあったんよ」などと面白い話をすると，「もっとおもしろい話をして」と子どもたちが言って，いろんな話をしていました。そのうち，今度は，子どもたちが自分の失敗談やおもしろい話をどんどんし始めました。それを聞いていた太一君も手を挙げて，お風呂で立とうとしてころんで湯舟でぶくぶくってなった話や，二段ベッドの上で立ったら頭をガーンって打った話をしてくれました。太一君は，こんな雑談みたいな話にも参加するようになってきました。

7　楽しい授業づくり

（1）興味のあることや具体的な生活につながっている学習内容，楽しい授業は集中できる

　虫の大好きな太一君は，理科の授業でアゲハチョウの幼虫やさなぎの観察では興味を示し，じっと集中して観察し，前向きや横向きの幼虫やさなぎの絵をしっかり描くことができました。彼の描いた絵を学級通信に載せて，「太一君，うまく描けてるね」と褒めました。教室で飼っているアゲハチョウの幼虫は，初めは黒色で脱皮すると緑色になり，脱皮するたびに大きくなっていきました。一番初めに脱皮して少し大きくなった幼虫を太一君が「あおむし1号」と名付けました。次々と脱皮して少しずつ大きくなる幼虫を，子どもたちが「あおむし2号」「あおむし3号」…と名付けていきました。子どもたちが幼虫を観察しながら，「あおむし1号と2号がバトルしてるで」などと会話していて，太一君も楽しそうにその会話に入っていました。子どもたちが幼虫の脱皮やバトルの様子を作文に書いていたので，その作文を学級通信に載せてみんなで読み合いました。太一君もおもしろそうに読んでくれていました。興味のあることには体を乗り出して楽しそうに授業に参加できる太一君でした。

　また，社会科の授業で，「商店の多い所が駅の近くなのはなぜか」ということを考えたときに，太一君は，「駅の近くだと電車から降りた人が買ってくれるから」と答えることができました。自分の生活につながっていることは考えやすいのだと思います。

　2年生の時に仮設実験授業の『水と空気』の学習に取り組みました。空のコップの底に綿を入れてとめておき，そのコップを口の部分から水の入った水槽に沈めていくとどうなるかという実験を行いました。コップの中の綿が水槽の水でぬれると思った子どもも多くいましたが，正解は，コップの中の綿はぬれないのです。つまりコップの中には水が入ってこないのです。こうした実験では，毎回予想を立ててその理由を考えあって行いました。実験をしてみて，意外な結果に驚くたびに「なぜかな」ともう一度考えてみたりするのがおもしろいのです。こうした授業は，太一君にとって，自分なりに予想を立てたり考えたりできるし，実験という動きがあり，結果がはっきりしているのでおもしろかったようです。時々，意見を発表して，真剣に実験の様子を見守ってくれていました。

（2）考える授業はおもしろい

　太一君は，算数の学習にはかなり集中して取り組めます。3年生の1学期に3けた＋3けたのたし算で1の位が1回繰り上がって答えが653になる問題づくり，10の位が1回繰り上がって答えが653になる問題づくりをしました。どの子も一生懸命に考えて，黒板に書きに来てくれた考え方は，20通りを超えました。太一君も真剣にノートに何通りもの考え方を書いていました。

　「円」の学習で，半径とはどのようなものなのかを学習するときに，教室で机を後ろに下げて広間をつくり，みんなで輪になって，真ん中に輪投げの的を置き，新聞紙で作った輪投げをして遊びました。輪投げの的が置いてある所が円の中心，みんなが立っている所が円，円の中心から円までの距離が半径であることなどを確認してから，「円の半径」について考えました。円の中心から円に引いた2本の線分の長さが同じかどうかを考えた時に，「同じ」と答える子どもが多く，その理由を聞いてみた時に，太一君は，「（2本の線は）円から中心までの幅が同じだから」とみんなの前で発表できました。実際に輪投げをして遊んでみて，みんなが平等になるように，円の中心の的から同じ距離の所に立っていたということを思い出して，「同じ幅だった」と考えることができたのではないかと思います。体験したことを踏まえて考える授業は太一君にとっては楽しいのです。

　「重さ」の学習では，導入の時に，上皿天秤と一円玉を使って，はさみやのりなどの重さを量りました。太一君は，班のみんなとわいわいいいながら楽しそうに量っていました。具体的な活動なので興味をもてたのでしょう。学習のまとめで，「水の入った容器（500g）に木片（20g）を浮かべたら重さは何gになるか」という問題で，「520gより軽くなる」という意見の人が数人いて，太一君もその意見に賛成していました。その理由として，友だちが「木片は水に浮かんでいるのだから軽くなる。だから520gより軽くなると思います」というと，あまり意思表示しない太一君が「同じです」といいました。考える授業は太一君にとっては楽しい。実際に実験してみると，結果は520gでした。太一君は「なんや，そうなんや」という反応でしたが，実際に実験したので，集中して授業に参加でき，自分の予想とは違う結果にも納得しました。

（3）新聞記事として切り取るに値する場面なら書ける，自分が納得したことなら書ける

　3年生の2学期の社会科の学習で，近くのお店（コープ）見学に行った。そのあと，お店新聞を作ったのですが，3時間かけても，太一君はほとんど書けませんで

した。私が，こんなことを書こうかと促しても首を縦には振らず，納得できなくて1行も書けませんでした。休み時間に「太一君，この新聞仕上げなあかんのわかる？」と聞くと，「うん」とは言うのですが，どうしたものか。とにかく，2行だけは書きましたが，「あとは，半分でもいいからお家で書いてこようか」と言って，お家の方にも見ていただくように連絡帳に書いて持って帰りました。お家の方の助けもあって，業務用の大きな冷蔵庫に入れてもらったことだけは，思い出しながら自分で書くことができました。お家の方の協力の賜物です。半分しか書けなかったのですが，「本人はこれで完成といってます」という太一君の気持ちを連絡帳で伝えてもらいました。こちらがいくら書くことを促しても「書きたいことあらへん」と言って書けませんでした。でも，家でゆっくりとお家の方と一緒に，お店見学の様子を思い出しながら納得できたら書けるのだと思いました。また，太一君にとっては，校区にあるコープという何度も行ったことのあるお店は，普段は経験できない業務用の大きな冷蔵庫のなかに入れてもらったことは印象に残ったので書けましたが，他のことは，"新聞記事として切り取るに値する場面"ではなかったのかもしれないと思いました。

そのことを強く思ったのは，3年生の3学期に，社会見学でバスに乗って，市内ではありますが校区からは随分離れた，民家集落と，昔からある大きな市場に見学に行ったときのことです。民家集落をグループで見学したり，友だちと一緒にお弁当を食べたり，市場でおじさんのお話を聞いたり，500円分の野菜や果物などを市場のおじさんやおばさんと会話しながら買い物したりしたのです。すると，翌日に学校で取り組んだ新聞作りでは，太一君は，コープ見学の時と違って，自分から民家集落で見たことや友だちとお弁当を食べたこと，市場で買い物をしたこと等を書くことができたのです。太一君にとっては，普段は行かない昔の生活に関する道具や昔の茅葺屋根の住居などがあった民家集落や，いつも見ている近所のスーパーとは全く違う市場での買い物などが，"新聞記事として切り取るに値する出来事"だったのだろうと考えられます。昔の暮らしで使っていた道具や茅葺屋根の家は興味深く，市場の人たちとやりとりしながら1個1個の品物を買うことは楽しかったに違いありません。彼が実際に経験したことでもあるし，心に残ったことなので書けたのだと思われます。

新聞作りは学習の一つの振り返りであり，いい新聞を作ることが学習の目的ではありません。けれども，新聞作りをすることで，その子どもが学習で学んだことをまとめることができ，こちらは学んだことの一端を知ることができます。どのようなことが心に残ったのかという内面を知ることもできます。太一君との新聞作りを

振り返りながら，提供する題材の質や教材の工夫の大切さを改めて思いました。

（4）具体的な事柄なら書ける，物語の人物の気持ち等を想像することは難しい

　太一君は，国語の授業の新出漢字の学習で，その漢字の入った熟語を考えたりする時によく手を挙げて発表します。いろいろな熟語をよく知っているのです。学級の子どもたちも太一君のことを「よう知ってるな。すごいな」と認めていました。漢字もきちんと正しく書けるし覚えも早いし，太一君にとって漢字の学習は楽しかったことと思います。

　ところが，文学教材で登場人物の気持ちを考えたりするのは苦手でした。物語の感想文を書くときには，「感想，あらへん」といって書けないでいました。

　3年生の1学期に『ゆうすげ村の小さな旅館』という物語の学習で，「登場人物の美月がうさぎだとわかるところ」を考えた時に，太一君は，手を挙げて「耳がよくなるまほう」と発表できました。また，「若葉の季節っていつごろだろう」という質問にも，「五月ごろ」と答えることができました。この物語で不思議だなと思うところも書きだすことができていました。この時，太一君が，「もうわかったこと（解決したこと）も書いていいの」と聞いてくれたので，「もうわかったことも書いていいよ。はじめに不思議やなと思ったことを書いたらいいのよ」と学級のみんなに返すことができました。また，「太一君，今，いい質問してくれたね」とみんなの前で褒めることができました。そのあと，登場人物の人物像を考えようというときに，登場人物がどんな人かわかるところを教科書から抜き出すという課題は，教科書から抜き出して書くことができていました。太一君にとって，「登場人物はどんな人か」といきなり考えることは難しいけれども，具体的に書かれているところを抜き出すことはできるのです。

　2学期の『サーカスのライオン』という物語では，「登場人物のライオンのじんざの気持ちがよく表れているところを教科書から探して線を引きましょう」という課題では，じんざの気持ちが表れているところ，「じんざは，ぐぐっとむねのあたりがあつくなった」に線を引くことができていました。しかし，そのあと，「線を引いたところのじんざの気持ちを考えて書きましょう」という課題では書けませんでした。そして，ノートの前の方のページに書いてあることを読んだり，教科書を閉じてしまったりして集中できませんでした。そのあと，学級の友だちが，「男の子が，ライオンが大好きだと言ってくれたので，じんざはうれしかった」とか「自分のことを心配してくれている人がいることがうれしかった」といったじんざの気持ちを発表するのを聞いても「なるほど」というような反応はありませんでした。

登場人物の気持ちに迫れない，想像しづらいことが，彼の困り感なのだと考えます。

　同様のことは，3学期の『手ぶくろを買いに』の物語でも見られました。登場人物の人物像を考えたときに，「母さんぎつねはどんな人かわかるところを抜き出しましょう」という問いかけに対しては，教科書のなかの母さんぎつねが子ぎつねの世話をしてあげるところなどに線を引くことができていました。しかし，「母さんぎつねはどんな人かな」という問いかけには書くことができなくて，プリントの端にきつねの絵を描いたりして集中が途切れてしまいました。どんな人ということには具体的なイメージが浮かんでこなかったのでしょう。

　こうした国語の物語の読み取りにおける一連の学習のなかで，次のようなことを考えました。太一君は，この人物の気持ちが，この文章に書かれている人物の行動や言葉に表現されているということはわかるのです。たとえば前述の『サーカスのライオン』ように，「じんざは，ぐぐっとむねのあたりがあつくなった」という文章に，じんざの気持ちがきっと書かれているのだ（隠されているのだ）ということはわかるのです。このことはすごいことなのだと思います。この文章にじんざの気持ちが隠されていることは感じるのです。しかし，実際に教科書には，「じんざはうれしかった」とか「じんざは男の子が心配してくれていることがわかって涙が出そうに感動した」などとは書かれていません。書かれていないことは見えないので，わからないのです。しかし，その人物の気持ちが全くわからないわけではありません。たとえば，テスト問題で「この人の気持ちは次のどれでしょう」といった三択問題だと正解するのです。嬉しかったのか，悲しかったのか，嫌だったのかというはっきりしたことはわかるけれども，もっと曖昧な気持ちや表現や根拠を述べながら言わなくてはいけない気持ちなどはわかりにくいのです。また，人物の気持ちや人物像を表すのにふさわしい言葉をあまり使ったことがないからわかりにくいのだと思われます。だから，何となくはわかるけど，自分のもっている言葉で表現するのが難しいのかもしれません。人物の気持ちをうまく言い表す言葉が浮かんでこないのです。こうしたことが，太一君の"言語観"なのかもしれません。

　物語のなかの人物の気持ちを想像することの難しさ，そこに自分を置いて（物語のなかの人物に視点を移して）その人の身になって気持ちを考えることの難しさ。そして，今度は，物語の人物についてどう思うかとか，この物語を読んでどう思うかといった感想は，視点を物語のなかから読み手である自分に移して考えなければならない難しさがあります。

　イメージすることの難しさと，丁度いい言葉を使って表現することの難しさと，視点を移すことの難しさ。発達障害をもつ子どもにとって，国語の文学教材の読み

には，こうしたいくつもの難しさがあるのだと思います。

8 おわりに

　太一君との2年間の教育実践を通して，発達障害などの特別な教育的ニーズをもつ子どもがいきいきできる学級集団づくり・授業づくりにおいては，次のようなことが大切なことだと考えます。
　まず，授業づくりにおいては，わかりやすくて楽しい授業を展開していくことはもちろんのこと，できるだけ具体的な活動を取り入れることや，生活経験と結びついたことや子どもが興味をもてることが学習内容に入っていることが望ましいと考えます。また，国語の文学教材などの読みの授業においては，その文章の裏に隠されている人物の気持ちや意図などをなんとか読み取ろうとしている子どもに，"助け舟"としての言葉かけをしたり，選択肢を与えたり，表現する方法を工夫したりすること（たとえば，人物の気持ちを広いスペースに全部書くのではなく，少しだけ書けばいいようなプリントを用意するなど）が必要だと考えます。太一君とのかかわりのなかで思ったことは，太一君には太一君のわかり方や感じ方があるということです。高機能自閉症の子どもの感じ方，他の子どもとの感じ方の違いをどう大切にして，授業に生かしていくか。そういう子どもの表現しにくいところへの工夫など，まだまだ検討，研究が必要であると考えます。
　次に，授業が授業だけで独立して存在するのではないということです。子どもが，安心して授業に参加できるためには，わからないことやできないことがあっても大丈夫という安心できる学級集団でなければなりません。"失敗してもいい学級"でなければならないのです。子どもは失敗経験から学ぶものです。先生も友だちも僕のことをわかってくれている，受けとめてくれるという安心感が大切なのです。つまり，教室における教師と友だちとのあたたかい人間関係が必要だということです。そして，教師が，子どものいいところも弱いところもすべてを受けとめていく，子どもを丸ごと捉える子ども観が大切であると思います。
　一人ひとりに出番や居場所がある楽しい学級集団づくりや，一人ひとりの子どもたちの気持ちや願いに寄り添えるていねいなかかわり（生活指導），そして，わかりやすい楽しい授業づくり，これらのことは，互いに連動し，つながっていると考えます。
　逆に，楽しくて誰にでもわかりやすい授業を行ったり授業のなかで子どもたちが

意見交流したりすることが，学級集団を育てることにもつながり，そのなかで子ども同士がつながっていき，子どもたちの出番や居場所をつくることにもなるのだと考えます。

　最後に，今後の課題として，次の３つのことを挙げておきたいと思います。

　１つ目は，発達障害などの特別な教育的ニーズをもつ子どもの学習参加を促すためには，その子どもの発達的に弱いところや発達の土台となる力を太らせなければならないと考えます。とりわけ，想像する力や文脈形成の力，空間認識，体づくり，手指の操作性といった学力の基礎的な力をどこでどのように培うのかということです。

　２つ目は，教師の資質と力量アップの問題として，障害に関する専門的な知識をもつことはもちろんのこと，子どもの発達的な捉え方ができること，子どもへの共感的な理解と受けとめができること，そして，誰もが大切にされて楽しくて安心できる学級集団をつくる力量等が教師に求められるということです。

　３つ目は，教育条件の問題です。１学級の子どもの人数を大幅に減らすこと，私は，一人ひとりの子どもたちにていねいにかかわっていくためには，１学級15人から20人程度が好ましいと考えます。また，特別な教育的ニーズをもつ子どもへの支援員の配置も必要です。さらに，子どもの希望と必要に応じて通える，子どものニーズに応えてくれる教師の配置されたリソースルームや通級指導教室のような教室も必要だと考えます。そして，教師の研修の保障，それは，個人的な時間と場所の保障と，職場の教職員による事例研究や実践検討などの集団的な学びの時間と場所の保障の双方が必要であると考えます。

　　　　　　　　　　　　　　　　　　　　　　　　　　　　　　（宮本郷子）

第11章　インクルーシブ授業を実践する教師の力量
　　　──「暗黙知」の視点で実践を省察する──

1　はじめに

　教師の力量形成には「暗黙知」の獲得が大切だと考えます。「暗黙知」は客観的で言語化できる「形式知」と対概念でハンガリーのマイケル・ポラニー（Polanyi, M.）によって提示されました。「私たちは言葉にできるより多くのことを知ることができる。（中略）認知の多くは言葉に置き換えられないのだ。」と述べています（ポラニー 2003：18）。確かに，知識には言葉で表現できるものとそうではないものがあり，表現できないものの方が多いと思われます。なぜ，直感とも勘ともいえるような「暗黙知」を身につけることが大切なのでしょう。

　筆者は，母語教育の分野で長年研究をされ，現在は教育現場に入り国語教育を子どもたちにとって意味のあるものにするための活動を行っている難波博孝の主催する「臨床国語教育研究会」に所属し，「教育のデザイン性と出来事性」について研究しています（稲田 2007：127）。「デザイン性」とは教育を計画する力で，いろいろな研修会で身につけることができます。かつてトップダウンの研究会に所属していたことがあり，そこで提唱される理論に従って授業づくりをし，その成果を報告していました。出来栄えは即評価されるので，それなりの成就観を得ることができます。しかし，次第に居心地が悪くなってきました。その理論による実践がいかに効果的であるかを実証するわけですから，ややもすると推し量れない子どもたちを取り残してしまいます。できなくてもいいだろう，そこまで求めなくてもとその子どもたちに目を向けないデザインが作られました。でも，その子どもたちも授業に参加するわけですから，思いもかけないような反応を示すことがあります。それは認めつつも，こうなるというデザインに沿って授業をしなければなりません。だんだん自分のめざすものの方向性が違うと思い始めました。

第11章　インクルーシブ授業を実践する教師の力量

いくらデザインしても実際の場では何が起きるかわかりません。もちろん，ある程度の予測はできるでしょう。しかし，国語科授業研究における学習者研究をしている藤森裕治の言う「予測不可能な事象」に出合ったとき，どう対処すればいいのでしょうか。藤森は自身の高校教師時代の教師と学習者のずれから引き起こされる「出来事」を「予測可能事象」と命名しています。そんな場に何度も出合いました。その出来事に目をつぶり教師の計画やできる子どもの思考で進めてしまえば，もう学びは子どものものではなくなってしまいます。なぜなら，できる子どもは教師のねらいをちゃんと知っていて，どう答えればいいかをわかっているからです。「予測不可能な出来事」に応じて臨機応変に対応できる力をつけていかねばなりません。教育現場ではこの力の方が重要であり，それをつけていくのに「暗黙知」が働くと考えました。「暗黙知」については丸野俊一や佐藤学が「言葉で説明することの難しさ」「伝えていくことの難しさ」について述べています（丸野 2004：佐藤 2009）。意図的な伝達モデルでは伝えられない「暗黙知」をどのように身につけていくのか，あるいは伝えていくのかは教師の力量形成にとって大きな命題だと思います。自身の実践の省察から考えてみたいと思います。

2　内なる思いに耳を傾ける

> 23才になりました。
> 活動センターで頑張っています。
> カクテルとチューハイが飲めるようになりました。

ひろし（仮名）からの便りです。母親と一緒に言葉を選びながら書いたであろう三行の文に，当時の満面の笑顔が浮かんできます。活動センターに通っていることは母親の手紙で知っていました。言われたことを真面目に取り組む姿はその居場所で受け入れられ，彼なりにがんばっていることでしょう。「内なる思いに耳を傾ける」ことの大切さを教えてくれた，忘れられない子どもの一人です。

ひろしは入学式直前に引っ越してきました。当時勤務していた小学校に障碍のある子どもが通っていることを，「親の会」で聞いたらしいのです。予定者名簿になく，就学相談も受けてはいないひろしの障碍について知ったのは入学式当日でした。式後，母親から「先生，お話があります。」と相談されました。それ以前にも支援

第Ⅲ部　インクルーシブ授業を支える学級・学校づくりと教育実践

の必要な子どもはいましたが，保護者から障碍名や状況を詳しく説明されたことはありません。知的な遅れ（4歳程度）があり，「場面緘黙」という診断を受けていました。この言葉さえ初めて耳にした自分に何ができるのか，母親を待って運動場で遊んでいるひろしの姿を追いながら，漠然とした思いが頭をめぐったことを今でも覚えています。

　家以外ではほとんど話さず，知らない人の前では固まってしまうという状況を聞き，連絡ノートを作ることを提案しました。ひろし本人からは情報が入ってこないことを知り，とっさに提案したのです。情報を得るにはどうしたらいいかと考えを巡らしたのでしょう。思いつきから始めたノートが，自分を2年間支えてくれるとは，そのときは思いもしませんでした。とっさに思いついたのは「暗黙知」によるものかもしれません。この取り組みはそれからの学級経営の手法の一つになりました。連絡ノートは入学式後の母親のこんな言葉で始まっています。

（4/13）母親より
　昨日はいろいろと話を聞いていただき，ありがとうございました。先生に「ゆっくり長い目で見ていきましょう」と言っていただいて安心しました。連絡ノートのことも，忙しいのに書いてくださるとのことで感謝しております。

　その後続く言葉に驚かされました。学校では到底想像できないひろしの姿がそこにありました。ただ驚くばかりでした。

　今日音楽があるということで，楽しみにして学校に行ったようです。学校から帰ってくると，「ただいま」の後，「先生が，ぞうさんの歌教えてくれたよ」と言って，服も着替えないまま，おもちゃのピアノの前で，音楽の本を広げて歌っていました。「先生，こんどは何の歌，教えてくれる？」と言って，今から楽しみにしているようです。

　音楽の時間，何もしないひろしは緊張で固まっているように見えました。離れているとにこにこしているように見えても，近づくと顔がいきなり強張ります。拒絶されていると思いました。しかし，母親は全く違う姿を教えてくれたのです。オルガンを弾くわたしのまねをしながら歌うひろしを，どうしたら想像できるでしょう。目に見えることでしか判断できない自分が情けなく，ひろしの思いを聴きたいと強

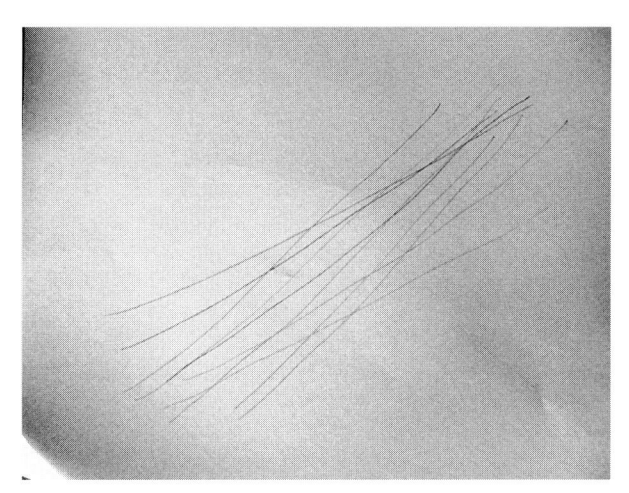

第11章　インクルーシブ授業を実践する教師の力量

写真11-1　ひろしの引いた線

く思いました。音楽が好きだということをヒントに，前に集めて身体表現をするようにしました。すると，ひろしの体も少し動き始めたのです。思わず取った手は，あっけなく引っ込められてしまいましたが……。

　ひろしはすべり台も大好きで，休み時間中一人でそこにいました。他の子どもがいるときはじっと立ちつくしています。友だちに「ブランコしよう。」と誘われても行きません。すべり台が空くと何度も登りすべっていました。そんなある日，絵を描かないひろしが画用紙の右上から斜めに線を引きました。ただの線なので，以前なら見過ごしたでしょう。何かを感じて線の意味を考えているうちはっとしました。「ひろしくん，これすべり台ですべりようとこ？」と聞くと，蚊の鳴くような声で「うん。」と答えたのです。鉛筆を握ったのも，返事をしたのも初めてのことでした。「すごいやん。シュウー，シュウーってすべりよるね。」とほめると，嬉しそうにもっと線を引きました（写真11-1）。彼が線を引くたびに，「シュウー，シュウー」言うと，周囲の子どもたちも言い始めたのです。「先生，ひろしくん楽しそうやね。」と思いを共感し，その後すべり台で遊ぶときのみんなのかけ声のようになりました。ひろしの内なる思いに触れた忘れられない一こまです。母親から聞いたひろしの姿は，目に見えるものだけで判断してはいけないことを教えてくれました。さっそく母親へそのことを書きました。母親からも「近所の公園のすべり台でずぼんのおしりに穴が空くほど遊んでいる，しかも『シュー，シュー』と言いながら。」と連絡がありました。学校では出なかった言葉が一人遊びで出るということは，学校での経験が転移している現れでしょうか。みんなが共感してくれたので自信につながったのでしょうか。当時のわたしはそこまでは考えが及びませんで

した。

3 この出来事の3つの意味

今この出来事を省察してみると，3つの意味が見えてきます。第一に，障碍をもつ子どもにとっての体を通した表現の大切さです。音楽の時間の身体表現も含め，自分の身体を使った感覚がアウトプットにつながるのだと思います。すべり台で心ゆくまで遊んだ充足感によって思いがあふれ，線を引くという自己表出につながったのでしょう。コミュニケーション促進に効果的な活動として身体を通した活動が挙げられます。

> 子どもが騒いで楽しめる遊びを用意することで，非言語コミュニケーションを促進させて，少しずつ発話を促します。動きを伴う遊び・身体遊びは，体の緊張をとるのに役立ちます。　　　　　（かんもくネット・角田 2008：106）
> 現実への適応を進め，行動を変化させていくためには，心のエネルギーがあること，情緒の安定が必要です。　　　　　（かんもくネット・角田 2008：112）

声を出して楽しめるすべり台は，まさに体の緊張をとり，心のエネルギーを高め，情緒を安定させるものだったのでしょう。学校では出なかった「シュー」という声が家での遊びに転移したのもその現れだと考えられます。楽しさを教師や友だちに共感してもらったという安心感が，頷きと「うん」という言葉につながったのだと思います。

第二は，ひろしに合ったスモールステップの学びです。読み返してみると，連絡ノートには線から文字表現に向かう過程が明らかに読みとれます。「うん」と返事をしたことも大きな一歩であったのに，「嬉しかった」としか母親に連絡をしていません。そのことの意味をもう少し考える必要があったのだと思います。

（4/16）教師より
　今日は線のおけいこで，螺旋がちゃんと引けました。ぐるぐる線をどうやって描けばいいのか先日からできなかったのですが，おうちでもしてくださったのですね。一人でできましたよ。
　20分休み，タイヤを跳ぶのに足を広げて跳ぶことはできませんでしたが，わたしの手を

> もってタイヤにのぼり，ポンととびおりました。20個以上声をキャッキャとあげながら跳びました。その次に丸木のつり橋を何度も渡って遊びました。「おもしろい」と聞くと「うん」と大きな声で答えてくれました。嬉しかったです。（後略）

　すべり台の線から鉛筆を持つようになり，みんなと同じように螺旋も引き始めました。母親から市販のドリル帳をしているが，教え方がわからず声を荒げてしまうことがあると連絡がありました。学校と家庭で同じように進めた方がいいと思い，同じドリルを渡しました。すると，進んで取り組むようになり，「ここはね，こうやってはねるんよ。先生がそう言ったよ。」と母親に言い始めたらしいのです。異なるやり方が負担になること，同じことの繰り返しが自信につながることがわかります。母親に対して自分がまるで指導をしているかのような場面もよかったのでしょう。嬉しそうな報告がありました。

> （4／17）教師より
> 　今日はチューリップの絵を描きました。先日はすべり台の線だけでしたが，クレパスを使って花びらを塗りつぶしていました。（後略）

　形，色への表現に向けた記録も見えます。線，螺旋，形，色と障碍のある子どもにとってスモールステップがいかに大事であるかがわかります。当時はそれをひろしのこととして捉えています。他の子どもにはスモールステップではなく，一緒に指導します。ひょっとすると，それが大変だった子どももいたのかもしれません。ひろしのこととして捉えたことが「暗黙知」となって積み重ねられ，他の子どもを見る目につながっていくのだと思います。

　第三に，保護者との連携の大切さです。入学式につないだ信頼関係は，2年間ずっと変わることなく支えとなりました。成功したこと，失敗したことなどありのままに報告をしました。家に帰ったひろしの姿で学校の様子がわかったそうです。きっと母親にしてもそうだったのでしょう。毎日のように嬉しかったこと，困っていることなどの報告がありました。文字の練習に入ると，家でも学校と同じようにしてくださいました。30分ぐらい学校で習った歌遊びで体を慣らし，文字の練習をしたようです。障碍のある子どもにとって大切なことです。体を動かすことで緊張をほぐし，同じパターンを繰り返すことで安心や成功感につなぎます。

> （5/18）母親より
> 　（前略）学校でも先日いただいた「ひらがなのれんしゅう」と同じものをしたと言っていました。「き」のページを書いて色を塗りました。1ヶ月ぐらい前は手本を見てまねをして書くということがなかなかできませんでしたが，最近は「よく見てごらん。次はどの線を書くの」と聞くと，よく見て書いているようです。（後略）

　今振り返ると，ひろしは視覚認知にも障碍があったようです。首をかしげ，少し目を細めて文字を見ていました。手本を見てまねをすることがきっと大変だったのでしょう。障碍に対する知識がなかったことが悔やまれます。現在なら通級指導という方法も考えられますが，担任が何とかしなければならないという時代だったのです。
　母親と相談しながら，ひろしによいと思われることを手探りで見つけていきました。文字指導だけでなく，音読，読書，数の認知，計算など無理にならないように進めていきました。成長の様子もお互いに連絡し合いました。

> （7/15）教師より
> 　最近「いや」とか知らん顔をしたり，「ぶーたぶーた」と憎まれ口を言ったりします。ひろしくんだから，ほんとはとてもかわいいのですが。それに，人の物をかくしたり落書きしたりしておもしろがっています。これもきっと成長だと思うのですが，わたしにはどんな発達か分かりません。ひろしくんは小さい頃どんな反抗期を過ごしましたか。教えてください。

> （7/16）母親より
> 　（前略）今振り返ってみて，ひろしに対しての不安はたくさんありましたが，あまりわがままを言わない子どもでした。幼稚園という集団の中で自分を出せず，先生に話しかけられてもよくお話ができませんでした。学校という集団に変わり，ひろしの心の中で何が変わったのか…。家では今までとあまり変わっていませんが，これからも学校が好きで，勉強が好きで，お友達と遊べる優しい子どもに育ってほしいと思います。（後略）

　この連携はひろしへの認識を深めるとともに，ひろしに対する思いを共有することにつながりました。2学期ひろしが学級のボールを溝に落としたことがありました。すると「そのことは書かんでいいよ。」と言うのです。その言葉を連絡ノートに書きました。母親からはボール遊びをしたことを話すひろしに，「楽しかった」

と聞くと「うん。ボールあるよ。なくなってないよ。」と答えたという連絡がありました。「おかしくて笑い出しそうになりました。かくしているつもりでも自分から言っているのですよね。うそをつくことはいけないことですが，なんだか嬉しくなりました。」と，温かい笑いのなかで育てていくことの大切さに気づいています。1学期当初の母親なら，ボールを無くしたこと，うそをつくことをまず謝ったでしょう。でも，だんだん現象面だけにとらわれることが減ってきました。授業参観での姿に「みんな上手でした。ひろしは？と見ていると，パラパラ本ばかりめくって先生の話は聞いているのかいないのか。黒板の字はノートに写していないし，ちょっと心配になりましたが焦ってもしょうがないし，あの子なりの成長を認めてあげないといけないんだなと思いました。」と内省しています。二人の関係性のなかで，ひろしの成長を温かく見守っていく「暗黙知」が積み重なっていったのだと思います。

4　関係性のなかで育んでいく

　鯨岡峻は従来の「発達」の考え方を「個体発達能力論」と捉え，この考えを批判的に見直しています。心を育てるという視点を重視し，人の生涯発達過程を展望した「関係発達論」を構築したのです。学歴至上主義社会の文化動向を次のように批判しました。

> 　この文化動向を導く土台となったのは，従来の「発達」の見方，つまり個体能力発達の見方であったことをまず確認しておきましょう。この文化動向が能力面にのみ目を向けて，子ども一人ひとりの心の育ちに目を向けなくなったのは，従来の発達の見方の中に心の育ちを見る視点が含まれていないことにもよっています。「育てる」とは本来，一人の人間を社会の中での「一人前」にすることだったはずです。「教育」は本来そのためにあるものだと思うのですが，わが国の義務教育は能力面を「教える」ことに重きを置きすぎ，人を主体として育てることをほとんど忘却しているかに見えます。　（鯨岡　2011：12）

　周囲の人と共に生きる構えを身につけた主体としての育ち，さらには，「両義性を孕んだ主体」へと論を進めています。鯨岡氏の言う両義性とは次の2つです。

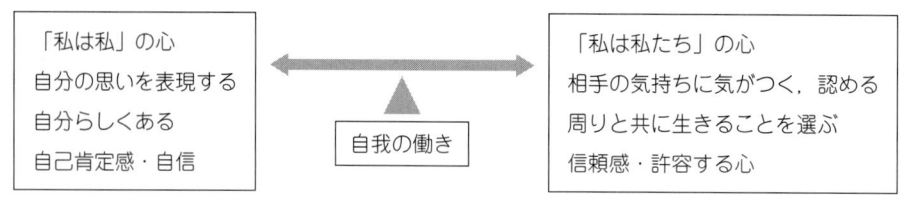

第Ⅲ部　インクルーシブ授業を支える学級・学校づくりと教育実践

```
┌─────────────────┐         ┌─────────────────┐
│「私は私」の心   │         │「私は私たち」の心│
│自分の思いを表現する│  ←→  │相手の気持ちに気がつく，認める│
│自分らしくある   │  ┌───┐ │周りと共に生きることを選ぶ│
│自己肯定感・自信 │  │自我の働き│ │信頼感・許容する心│
└─────────────────┘  └───┘ └─────────────────┘
```

図11-1　2つの両義性

出典：鯨岡（2011）の図を筆者が簡略化。

(1) 自己充実欲求に連なる主体の側面：「私は私」
(2) 繋合希求欲求に連なる主体の側面：「私は私たち」

　「私は私」という自覚をもちながら，「私は私たち」と集団のなかでの自分のバランスを取っていくのです。鯨岡氏は「主体であることの二面性」とは，「自分の思いを表現することと相手の思いに気づいてそれを受け止め・認めることが逆向きの方向である」と解いています。その二面性をヤジロベエの形で表現しています。支点になる三角形は「自我の働き」を表し，ここで「自我」は両者のバランスを何とか取ろうとする苦闘する主体の働きとして考えています。相反する心の働きのバランスを取ろうとする関係性を育てていくこと，それが教師に科せられた課題のような気がします。もちろん，当時の筆者にはそのことは理解できていません。しかし，今ひろしの成長の跡をたどると，《「私は私」の心》育ての姿が浮かび上がってきます。それはひろし自身とひろしを取り巻く人たちの喜びを伴っていることも。

　文字が書けるようになった2学期からは，ひろしと交換日記を始めました。筆者と母親の連絡ノートがひろしの一番の関心事項であったからです。連絡ノートを書く筆者の横で「何て書くん？」「そんなん書いたらいけんやろ」と言ったり，自分から落書きをしたりするようになりました。「ひろしくんともお手紙ごっこしようか。」と言うと，満面の笑みを浮かべました。自分のノートができることがどんなに嬉しかったのでしょう。『太陽の子』（灰谷健次郎）で担任からノートをもらった主人公の喜ぶ姿（本当は生活用品の方が必要だったにもかかわらず）と重なりました。ノートというのは子どもにとって学校の象徴なのです。自分のノートができたことがよほど嬉しかったのでしょう。母親との連絡ノートの上に自分のノートを重ねて，朝一番に出すようになりました。最初は母親がアドバイスしてくれていたようですが，だんだんひろしが説明をつけながら書いたことが母親との連絡ノートでわかりました。

　筆者が人とのかかわりに目を向けさせようと意図していることがわかると思いま

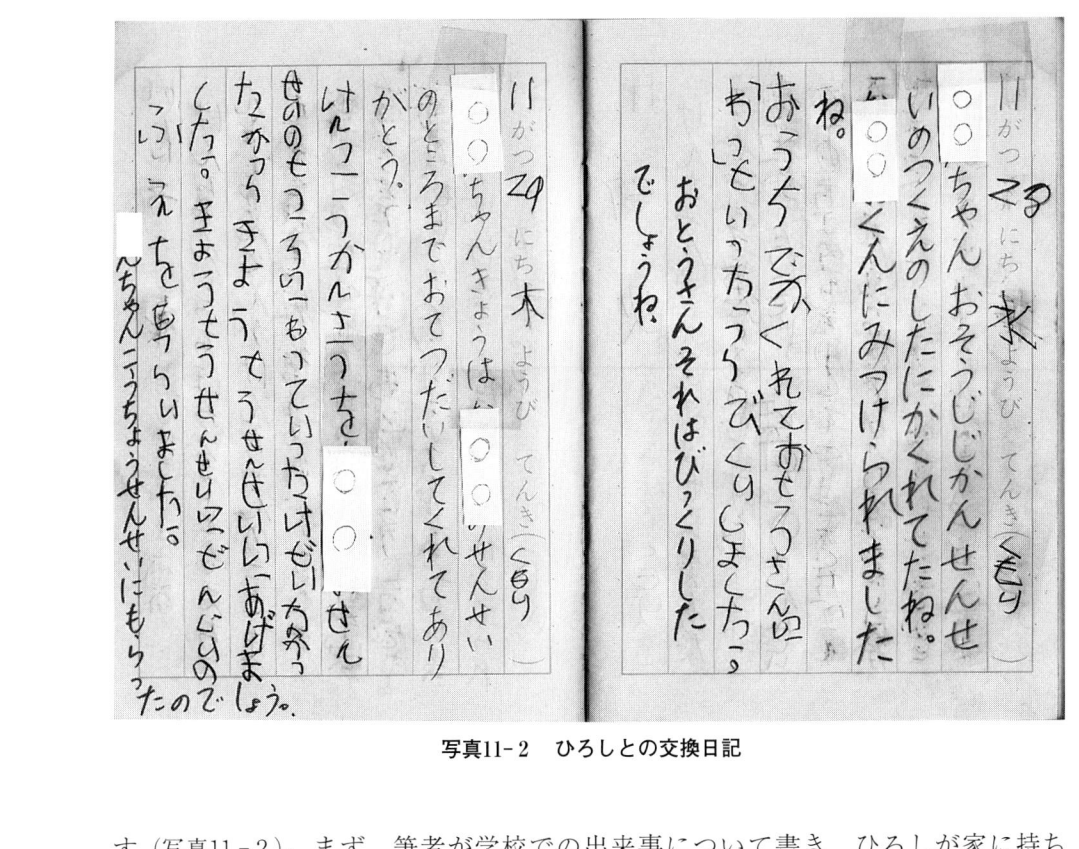

写真11-2　ひろしとの交換日記

す（写真11-2）。まず，筆者が学校での出来事について書き，ひろしが家に持ち帰って母親と話しながら返事を書いて翌日提出します。その返事とその日の分を書いて渡すようにしました。返してもらったらすぐ嬉しそうに読みます。母親からは「『たのしいにっき』をひろしは楽しみにしているようです。でも，先生の問いをすぐ文にしては書けないので，違った形で質問していろいろと出た言葉を書かせるようにしています。」との連絡がありました。

　写真11-2の日記には父親のことが書かれています。ひろしにとって父親は少し恐い存在のようでしたが，その父親を驚かせているのです。それも学校で経験したことを転移させて。父親との関係も良好になっていることがわかりました。母親が連絡ノートをもとに，二人で話し合いをされたようです。その結果，父親が絵本の読み聞かせをしてくれることになりました。嬉しい出来事です。

　ひろしの「私は私」は「私は私たち」へと向き始めました。「友だちを待って，いっしょに遊ぼうと言えるようになったこと」「うそをつき始めたこと」「人前で泣けるようになったこと」「母親に反抗し始めたこと」「退行現象が始まったこと」「友だちの嫌がることをあえてしようとすること」「暴力を振るようになったこと」「ごめんなさいが自分から言えるようになったこと」「職員室にお使いができるよう

133

になったこと」など数えればきりがないほど,《「私は私たち」のこころ》に向かおうとしていました。「昨日夢を見たらしく泣いていました。今日『たのしいにっき』を書く時思い出したのか涙ぐんでいました。ちょっと可哀想な気もしますが,これから先も嫌なことがたくさん待っていると思います。ひとつひとつ乗り越えて強くなってほしいと願っています。」と書かれていたときは,前日の友だちとのトラブルについて説明し,夢はそれが原因ではないかと話しました。先の鯨岡氏の「自分の思いを表現することと相手の思いに気づいてそれを受け止め・認める逆向きの方向」のバランスを何とか取ろうとする苦闘する主体の働きではないでしょうか。ひろしはその相反する思いのなかで成長しているのです。一つ一つのことをマイナスと捉えずに成長として捉えようとしている筆者と母親の姿も見えました。これが母親との関係性の中で獲得できていった「暗黙知」でもあると思います。

　ひろしが自分の喜びをしきりに友だちに伝えるようになりました。「昨日連絡帳に花丸をもらったのが嬉しかったようで,ノートを見るなりぱっと顔を輝かせ,ゆう子ちゃんのところに飛んでいきました。ゆう子ちゃんの背中をたたいて嬉しそうに何かを話し,ノートを見せていました。すると,ゆう子ちゃんはひろしちゃんの頭をよしよしとなでているんです。なんだかおかしくて嬉しくて,一人でわらってしまいました。(1/10)」筆者との関係性から友だちとの関係性への広がりが見え,その中で成長していることがわかります。できることが少しずつ増え,教師や友だちとも関われるようになって自信がついてきたのでしょう。「場面緘黙」という症状が見えなくなったのです。しかし,表面的にはそうでも,ひろしの内面ではどうなのかは分かりません。男の子との遊びも増えてきたけれど,近所の年下の子ともよく遊ぶようになったそうです。そこではひろしがリードし,ときには泣かせてしまうこともあると報告がありました。そのことを叱るのではなく,父親も交えて分かりやすく話しているようでした。いろんな関係性のなかで人とのつながり方を学び,成長していることがわかります。

5　おわりに

　当時は「暗黙知」という言葉さえ知りませんでした。しかし,自分の実践を記録から省察していくなかで,いかに自分がこの「暗黙知」を獲得し,それに支えられてきたかがわかりました。それは大崎正瑠の述べる次の言葉に集約されている気がします。

マニュアルにこだわるとか実践を伴わない学習に固執するような学習ではなく，然るべき状況において実践の中で身体全体を使い，全感覚を働かせ「暗黙知」を習得することをしなければならない。「暗黙知」を習得していれば，当分の間はもちろん，時間がかなり経っていても，そのような状況に目的を果たすことはさほど難しくない。「暗黙知」が身体に留まっており，まだ「勘」が働くからである。

(大崎 2007：21)

筆者はいくつかの学校の校内研究にかかわっています。また，地域の研究会に所属して若い先生とも話をします。そのとき多くの教師から「先生と話してすっきりしました。」とよく言われます。それは筆者が何か示唆したり，教示したりするからではありません。相手の話をよく聞いて同意できることを探し，「それはいいですね。」と後押しすることを大切にしているからです。そして，常に言うようにしています。「答えは先生自身の中にあるのです。」と。それが「暗黙知」ではないでしょうか。筆者はそれに気づく手助けをしているだけだと思います。これは「臨床国語教育研究会」で難波教授から学んだ何よりの教師教育の手法です。それを効果的に導き出す手立てはありません。じっくり相手と向き合い，伝達不可能な知を相手のなかから探す営みをこれからも大切にしたいと考えています。

参考文献

稲田八穂（2007）「実践者が行う臨床国語教育　2節小学校」難波博孝編『臨床国語教育を学ぶ人のために』世界思想社.

大崎正瑠（2007）「暗黙知を理解する」『東京経済大学人文自然科学論集』第127号：21-39.

かんもくネット・角田圭子編（2008）『場面緘黙Q＆A』学苑社.

鯨岡峻（2011）『子どもは育てられて育つ』慶應義塾大学出版会.

佐藤学（2009）『教師花伝書――専門家として成長するために』小学館.

藤森裕治（2010）「予測不可能事象に焦点を当てた事例研究――国語科授業における教師の実践的知識の考察」『信州大学教育学部研究論集』3：9-22.

マイケル・ポランニー，高橋勇夫訳（2003）『暗黙知の次元』ちくま学芸文庫.

丸野俊一（2004）「教師が暗黙に想定しているコミュニケーションスキルの発達モデルとは？」『教育心理学会自主シンポジウム21』（発表論文集，S58-S59）.

（稲田八穂）

第12章　インクルーシブ授業を支える学校づくり・地域づくり

1　学校づくりの基本

この章を始めるにあたって，まず次の2つのことを確認しておきたいと思います。

(1)「授業は学校集団の核である」

斎藤喜博は，1952年に41歳で群馬県佐波郡島村の島小学校（現・伊勢崎市立境島小学校）という小さな学校の校長となり，その後，11年間にわたって実践を展開しました。これは，「島小教育」の名で教育史に残る実践でした。彼がこだわったのは一貫して授業であり，校長として公開研究会を推進しました。『授業入門』『授業』等の著作があります。

その一節にこのようなものがあります。

> だから私は，教師集団をつくることも，父母集団をつくることも，子ども集団をつくることも，一番「核」になるものは授業なのだと思っている。授業によって子どもに力をつけ，子どもを変革していくことによって，子どもも教師も父母も，自覚し，一致し，同じ方向に進んで行くことができるのだと思っている。
>
> （斎藤 1960）

こうした斎藤の考え，「授業を核にした集団づくりが重要である」という指摘は現在でも非常に大事な考えだと感じています。

(2)「学校づくりは箱づくりではない。民主的な地域づくりである。」

京都府立与謝の海養護学校（現・与謝の海支援学校）は開校当初から地域づくり

第12章　インクルーシブ授業を支える学校づくり・地域づくり

を進めた学校でした。この学校は1969年4月に開設されましたが，1968年9月10日に養護学校開設準備室を開設し，校名を「京都府立与謝の海養護学校」としました。1969年4月10日，昭和44年度に入学式を行い，高等部別科生17名，教職員10名で岩滝町児童館横の仮校舎で発足しました。

この与謝の海養護学校は学校の基本的理念として次の3つの柱が掲げられています。

　1．すべての子どもに　ひとしく　教育を保障する学校をつくろう。
　2．学校に子どもを合わせるのではなく，子どもに合った学校をつくろう。
　3．学校づくりは箱づくりではない　民主的な地域づくりである。

この3つの柱が示す「学校づくりと地域づくりの関連」については，与謝の海養護学校設立に尽力した青木嗣夫も次のように指摘しています。

　養護学校設置運動は
　(1) 具体的に障害児を保障する場としての学校を建てること。
　(2) 障害児をひとりの人間としてだいじにする民主的な地域づくりの運動である。
　と二つの柱をもとに進められたのです。それと共に，学校づくりというのは創造する意味であり，要求によって学校をつくり，つくられた学校は特定の場所にある特定の建物のみ指すのではなく，その学校を守る（障害児を守る）体制づくりも含まれているのだと確認されたのです。
　学校設置運動だけでなく，障害児者に"ゆきとどいた教育と明るい未来を保障する"地域運動として発展していかなければならないのです。運動の中で"たとえ三億円，五億円の金を投じてつくられた立派な学校"だったとしても，あの学校はアホ学校やという見方をされるままにしておくのであれば，養護学校は差別を再生産する学校に転落してしまうのです。そうでなくて，「あの学校はどんなおくれた人もひとりの人間として尊重し，限りない発達を保障する学校なんや。それには人間をたいせつにすることの意味が理解してもらえる民主的な地域づくりが必要なんだ」ということからこの三つ目の柱はスローガンとして確立されたのです。
　　　　　　　　　　　　　　　　　　　　　　　　　　　（青木 1972）

以上のように，学校づくりを考える時に，「授業を中心にすえる」「子どもに合わ

第Ⅲ部　インクルーシブ授業を支える学級・学校づくりと教育実践

せた学校づくりをする」ということをまず基本としておいておきたいと思います。なぜならこのことが教育現場では一番軽視されがちなことだからです。

2　新たな視点で学校づくりを考える

(1) 学校経営の視点から

　特別支援教育の制度に移行されて7年がたちました。2007年4月の文部科学省の通知では，「校長の責務」として次のように記されています。

> 　校長（園長を含む。以下同じ。）は，特別支援教育実施の責任者として，自らが特別支援教育や障害に関する認識を深めるとともに，リーダーシップを発揮しつつ，次に述べる体制の整備等を行い，組織として十分に機能するよう教職員を指導することが重要である。
> 　また，校長は，特別支援教育に関する学校経営が特別な支援を必要とする幼児児童生徒の将来に大きな影響を及ぼすことを深く自覚し，常に認識を新たにして取り組んでいくことが重要である。

　そのような流れのなかで，学校経営の中心に「特別支援教育」をおいて学校づくりを行う学校も出てきました。そのこと自体は悪いことではないと思いますが，どうしても最終ゴールが「障害のある子どもたち」にとって有益かどうか，という点に傾きがちであり，通常教育のなかにおいて共通項として語られているとは言い難い，という気がしています。
　とはいえ，7，8年前から比べれば，「特別支援教育ってなんだ？」という教員は少なくなり，熱心に勉強されている管理職もいます。学校経営の柱に特別支援教育をおく管理職が増えてくれば，状況も進むということはおおいに考えられます。そうした期待を込めて「管理職のリーダーシップ」ということが記されているのではないでしょうか。今後，インクルーシブ教育を学校経営の視点に置く管理職が多く出てくることを期待したいと思います。

(2)「特別支援教育」のキーワードは何か──現場の感覚として

① 特別支援教育校内委員会，特別支援教育コーディネーター
　特別支援教育の体制として，まず挙げられるのが校内委員会やコーディネーター

です。コーディネーターは専任になることが望ましいと考えていますが、予算的に現状では不可能に近いでしょう。担任では負担が大きいこともあり、養護教諭や教頭（副校長）などがコーディネーターをやっているケースもあります。校内委員会が定期的に開催されているかどうかが、ひとつの目安となっていますが、校内委員会が「特別な教育的ニーズのある子ども」を選別しているのではないか、といった否定的な捉え方をされている場合もあるようです。また定期的に開催されていればそれでよい、といった見方もされ、内容や質的な充実といった側面が弱い、というのも事実としてあります。

② 個別の指導計画、個別の教育支援計画

「個別の指導計画」を作成することが「特別支援教育」をすすめるための第一歩、あるいは特別支援教育の要諦である、という考え方がかなり浸透している感があります。「指導計画」を作成すること自体は悪くはありませんが、教員の中には読まない人間もいるし、「あればよい」と、形式的に行われていることも少なからずあるだろうと推察しています。

一方で、「個別の教育支援計画」についてはどうでしょうか。文部科学省の資料では、次のように作成するよう求めています。

> 「個別の教育支援計画」は、障害のある児童生徒の一人一人のニーズを正確に把握し、教育の視点から適切に対応していくという考えの下、長期的な視点で乳幼児期から学校卒業後までを通じて一貫して的確な教育的支援を行うことを目的とする。
> また、この教育的支援は、教育のみならず、福祉、医療、労働等の様々な側面からの取組が必要であり、関係機関、関係部局の密接な連携協力を確保することが不可欠である。他分野で同様の視点から個別の支援計画が作成される場合は、教育的支援を行うに当たり同計画を活用することを含め教育と他分野との一体となった対応が確保されることが重要である。 　（文部科学省）

「個別の教育支援計画」も関係機関の連携を視野に入れて作成していくものだと思いますが、作成することが負担になっていくと、作成することが目標の活動になってしまうのではないかと危惧しています。「個別の指導計画がある」「個別の教育支援計画がある」＝「特別支援教育が進んでいる」と捉えがちですが、大事なのは一人一人の子どもの成長・発達であって、作成そのものではないということを確

第Ⅲ部　インクルーシブ授業を支える学級・学校づくりと教育実践

認すべきでしょう。もちろん，筆者は，個別指導計画や個別の教育支援計画を否定している訳ではありません。予定や計画は当然必要なものです。筆者が指摘したいのは，「計画だけあればよいということではない」ということです。計画を作成するだけに終わっていることはないか，気をつけたいものです。

③　ユニバーサルデザインの授業づくり

　ユニバーサルデザインとは，年齢，性別，身体的状況，国籍，言語，知識，経験などの違いに関係なく，すべての人が使いこなすことのできる製品や環境などのデザインをめざす概念です。1990年代にノースカロライナ州立大学のロナルド・メイス（Mace, R.）が提唱し，デザインに次の7つの原則を提案しています。①公平性（誰でも使える），②自由度（右利き左利き両方が使いやすい），③簡単さ（作りが簡単，使い方もわかりやすい），④明確さ（情報がすぐ理解できる），⑤安全性（使用に安全・安心），⑥持続性（長時間使用しても，負担が少ない），⑦空間性（どのような体格，姿勢，動きでも快適に使える大きさ，広さがある）。端的にいえば，可能な限りすべての人に対して使いやすくする考え方です。

　ユニバーサルデザインの考え方を応用した授業というのは，障害等の課題があっても，クラスの誰もがわかる授業，ということになります。通常学級で取り組まれている例としては，教室の掲示の仕方を共通にする，掃除や給食のやり方を同じにする，机の中の整理の仕方を共通にする，といったことが挙げられるでしょう。

　実は，この共通に取り組むということが，なかなか難しかったりします。中心になって引っ張っていく教員が異動でいなくなれば，そのことが急速にしぼんでいく，ということも多くあります。これは，ユニバーサルデザインに限った話ではありませんが，こうした取り組みがなかなか定着しないというのもまた教育現場の中の現実だと感じています。

④　ホール・スクール・アプローチ

　ホール・スクール・アプローチ（Whole School Approach）とは，いわゆる「学校全体からのアプローチ」という考え方です。「ホール・スクール・ポリシー」とも呼ばれます。それは以下のように捉えられています。

　　「ホール・スクール・ポリシー」＝学校は一体となって，特別な教育的ニーズのある子どもの教育に当たることを学校自身が定めた，基本方針のこと。

「（ホール・スクール・）ポリシー」とは「エートス」（"ethos" と綴られるこの英語は，気風，精神，心的態度などの他，指導原理，方針，理念などを意味する名詞である。これらを踏まえ，教育用語としては「校風」の意味で用いられる）のあるべき姿を指し示すとともに，校風にかかわってさまざまな決断を下す，さらには，校風に即した態度や行動を支えることを目的とする挙校体制を敷く組織（whole school community）により明確に理解される基本方針のことである。

（Roaf 1988）

「ホール・スクール・アプローチ」においては，学校に在籍する，すべての児童生徒が発達を遂げることができるように，学校にある，ありとあらゆる（人的・物的）資源の活用が試みられる。　　　　　　　　（Ainscow & Florek 1990）

　篠原吉徳は，Roaf および Ainscow & Florek の考え方をまとめて「特別な教育的ニーズのある子どもたちに対する教育的支援は，すべての教職員が学校全体で取り組むことを，学校の基本方針として決定し，学習指導のプロフェッショナルであることを自覚して，学校の資源をことごとく活用し，日々実践すべきである」と述べています。そして，こうした校風をつくって行くなかで「インクルーシブな学校」が出来上がって行く，と指摘しています。
　また，新井英靖は，「学校全体のアプローチ」を実現するために，次の4つの観点が重要と指摘しています。

(1) 学校内の教職員が特別支援教育の重要性を認識すること。
(2) 学校内の支援資源を有機的に連携するための具体的な手続きが明確になっていること。
(3) 学校が学校外の支援資源にアクセスできるようになっていること
(4) 特別支援教育に関する保護者の理解がおおむね得られていること。

（新井 2008）

　ただし，このことを実現するには，かなりの困難が予想されます。実際に，かなり力のある教員がいて，理解と実行力のある管理職がいて，「ホール・スクール・アプローチ」の学校を作ることができたとしても，今度は逆にそこへ特別な教育的ニーズのある子どもたちが集まり，運営が困難になる，ということがありえます。
　その意味で，「ホール・スクール・アプローチ」の物的な限界，ということは押

第Ⅲ部　インクルーシブ授業を支える学級・学校づくりと教育実践

えておく必要があるのではないでしょうか。しかし，そのうえでやはり「ホール・スクール・アプローチ」の取り組み自体は，たとえ困難があっても，進めていかなければならない取り組みだろうと感じています。

　今でも「学校が一丸となって」「教職員が共通理解して」「学校全体の取り組みとして」等という言葉が使われることは少なくありません。方向性，また理想という点でいえば，これらのことを否定する方はほとんどいないのではないでしょうか。現実を理想に近づけていく，という試みこそが，「ホール・スクール・アプローチ」を進める鍵ではないだろうか，と思います。

（3）地域と学校のつながりを考える

　近年，コミュニティ・スクール（学校運営協議会制度）の取り組みが進められています。文部科学省も以下のようにコミュニティ・スクールを推進してきました。

　　　コミュニティ・スクールは，学校と保護者や地域の皆さんがともに知恵を出し合い，一緒に協働しながら子どもたちの豊かな成長を支えていく「地域とともにある学校づくり」を進める仕組みです。コミュニティ・スクールには保護者や地域住民などから構成される学校運営協議会が設けられ，学校運営の基本方針を承認したり，教育活動などについて意見を述べるといった取り組みがおこなわれます。
　　　これらの活動を通じて，保護者や地域の皆さんの意見を学校運営に反映させることができます。
　　　　　　　　　　　　　　　　　　　　　　　　　　　　　　　（文部科学省）

　実際に，コミュニティ・スクールという考え方は京都や東京で広まっており，その実践も積み上げられつつあります。しかし，残念なことに，こうしたコミュニティ・スクールの実践のなかに特別支援教育が出てくることはない，といってもよいかと思います。逆にいえば，地域の人々の学校に対する影響力が一定作られつつある現在，地域の方々から「特別支援教育」のニーズがあがることで，そうした取り組みが進むこともありえます。
　ただし，その場合「特別支援教育に関する保護者の理解がおおむね得られていること」が重要なカギとなることは間違いないでしょう。

3 インクルーシブ教育に向けた学校づくり・地域づくりの展望と課題

　以上の点を踏まえて，最後にインクルーシブ教育実践を推進していくにあたっての具体的な展望について述べてみたいと思います。

（1）学校の組織や体制の整備について
　まず，以下の視点から学校の組織や体制をどのように見直し，学校づくりを進めることが必要であるかについて考えてみましょう。現実的には難しい項目もありますが，理想も含めて，以下に記します。

① 学級と学校の適正規模を考える
　小学校であれば，1クラス20名，1つの学年のクラスは最大4クラス，1学年80名程度までの規模とし，特別支援学級も含めて最大500名程度とします。

② 特別支援学級の設置と運用方法を考える
　特別な配慮の必要な子どもがいる学校には，特別支援学級を併設するとともに，個別指導をする教員を確保し特別支援教室をつくります（配慮の必要な子どものいない学校はまれだと思いますので，基本的には全部の学校，ということになるでしょうか）。このとき，特別支援学級，特別支援学級＋通常学級との交流，通常学級＋特別支援教室（個別指導）という形態も作り，その行き来を柔軟にしていきます。

③ チーム・ティーチングや少人数指導を可能にする体制を考える
　小学校であれば，低学年の算数・国語を中心に学級担任以外のスタッフが教室に入り指導できるようにして，チーム・ティーチング（T・T）の体制がとれるようにします。中・高学年は算数を中心として少人数指導を実施することができる体制を整えていきます。

④ 教員以外のスタッフが学校に多く配置される体制を整える
　学校司書，スクールカウンセラー，ICT担当スタッフ，介助員（特別支援学級および通常学級），ボランティア，スクール・ソーシャルワーカー等，をつけてい

きます。多業種の人が入ってくると運営が困難になるという話も聞きますが，スクールカウンセラーを例にとってもわかるように，こうした多業種の人たちが入ってくるのは今後も進むと思われます。

（2）授業改善と地域・保護者との連携について
　インクルーシブ教育の推進には授業改善と地域・保護者との連携の2つが欠かせないと感じています。そこで，次の点を中心に学校改善を進めることを提唱します。

① 特別支援学級の実践の充実
　特別支援学級の授業や実践が通常学級をリードできるような実践となるように，質を高めていくことがインクルーシブ教育の推進には必要だと考えます。

② 通常学級の実践の充実
　加えて，通常学級の授業や生徒指導の方法を見つめ直したりするなかで，多様な特別なニーズのある子どもを包括できる実践を開発していくことが必要です。

③ 開かれた学校づくり
　以上のような実践を実際に見てもらいます。そのために学校を「毎日参観日」とするなど，開かれた学校づくりを推進していきます。

④ 情 報 発 信
　地域や保護者の学校に対するイメージは多様です。そのなかには「インクルーシブ教育」に否定的な意見も当然出てくると思われます。そうした部分の対応として，地域の人や保護者に理解してもらえるように情報を発信していくことが重要になるでしょう。
　「インクルーシブ教育」に肯定的な雰囲気が醸成されたときに，地域・保護者との連携がスタートできるのではないでしょうか。一方で，そのためには，教職員の共通理解も欠かせません。教職員の思いと地域・保護者の思いが一致したときに，学校という場所がその力をフルに発揮できると感じてきましたし，おそらくそうだと思います。

（3）「学力」をつけていくこと

① 狭い意味での学力を伸ばす

　単に，学力テストの平均点が向上したかどうかというだけではなく，特別支援学級などで展開されている算数や国語の授業のなかで伸ばしている力を含めて，計算する力や言葉の力など，狭い意味での「学力」を伸ばしていくことが大切です。こうした力を「特別支援教室」のような場で身につけさせることも必要ですが，「わかって，できる」ということが実感できる授業を通常学級でも展開できるように「教師の授業力」を向上させていくことが求められるでしょう。

② 協働する力，体力，思いやりや感謝の心を育てること

　算数や国語のなかで身につく狭い学力だけでなく，インクルーシブ教育の推進には交流的な活動を通して身につく「協働」の力も重要だと考えます。また，学力の基盤となる体力や，他者と協働する際に必要となる「思いやり」や「感謝の心」を育てることも重要です。こうした広い意味での「学力」は，「差別を許さない集団づくり」にもつながり，いじめ問題の解決の糸口ともなるでしょう。

（4）「楽しくなければ学校じゃない」という視点からの学校づくり

　これまで述べてきたすべての学校改善の視点をまとめると，最終的には「どの子にとっても学校にくることが楽しい」と感じる学校・学級経営を行うことなのだと思います。

　とはいえ，口で言うのは簡単ですが，現実にはなかなか難しいことです。筆者が特別支援学級の担任をしていたときに学級のスローガンとして「楽しくなければ学校じゃない」を掲げていました。多くの保護者からは賛同をいただいていましたが，同業者の先生方からは「楽しいだけでいいのか」「学校には厳しい姿勢も必要」等，きびしい批判もありました。

　しかしながら，そうした困難や批判も承知で，それでもインクルーシブな学校をめざすためには，「楽しくなければ学校じゃない」という視点は落としてはならない大事な視点だと，強調しておきたいと思います。

（5）インクルーシブ教育に向けた学校づくり・地域づくりの課題

　それでは，こうした学校・学級経営を進めていくうえでの課題は何でしょうか。以下に整理してみたいと思います。

① 不易と流行

　学校には厳然として変わらない文化がありますが，それがインクルーシブ教育を推進する際にバリアとなっていないかという視点から学校を見つめ直す必要があるでしょう。ただし，「右へならえ」の学校文化を見つめ直すことは，個性を最大限に尊重するということでもないと思います。個性の尊重と集団の規範とのバランスをどのように整えていくかということが重要だと思いますし，そうした目に見えない基準を教職員で共有することが大事です。

② 「特別な場において教育する」という考え方

　「特別なニーズのある子は特別な場で教育することが必要」という考え方をどのように捉えるかが重要です。このような考え方に基づくとき，教育の場を限定してしまう弊害があります。また，安易に通常学級から出されてしまう，といったことも出てきてしまうでしょう。「特別な場における指導」をどのように学校全体のなかに位置づけるかという点を今後も検討していかなければならないと思います。

③ 地域や学校全体の「幸せ」を追求する学校づくり

　とかく，保護者はわが子優先になりがちです。もちろん，自分の子どもを守ろうとする姿勢を否定するものではありませんが，周囲の子どもを含めた地域や学校全体の「幸せ」とは何かという追求をできるように，地域の人や保護者と対話し，学校づくりを進めていくべきでしょう。

④ 人材育成の課題

　近年，保護者や子どもとうまくコミュニケーションできない教師が増えています。また，クラスの子どもたちを惹きつける授業ができない教師や，教師間でのコミュニケーションが円滑に進められない人なども増えています。教師の力をしっかりとつけていくという点での人材育成の問題があります。団塊世代の教員の大量退職時代に突入し，人材育成はインクルーシブ教育に限らず，現在の教育現場が抱える大きな問題であるといえましょう。インクルーシブ教育の推進には，こうした点を確実に解決していくことが必要になってきます。

⑤ 管理職の理解を進めていく

　近年，特別支援教育，インクルーシブ教育に理解があり，熱心な管理職が増えてきたとはいえ，そうした管理職ばかりであるとはいえない現状があります。各地で

管理職研修の一環で特別支援学校を訪問するなど，さまざまな取り組みが進められていますが，インクルーシブ教育の推進には，管理職にどのように理解をしてもらうかを検討することも，とても重要な課題であるといえましょう。

⑥ 予算措置の問題

現在の通常の学校をインクルーシブ学校へと発展させていくには，どのようなコストが必要であるかという点については今後の検討課題です。お金をかけた分だけの成果が上がっているといえるのかどうかなど，コストとパフォーマンスとの関係は常に問われる点でしょう。

こうした点を深く検討することなく，インクルーシブ教育をただ進めようとしてしまうと，何年かたったときに「特別支援学校や特別支援学級の教育」が「インクルーシブ教育だ」というような「すりかわり」となってしまうのではないかという危惧を感じています。

あるいは，特に配慮をせずただ通常学級に在籍させるだけで，それをもって「インクルーシブ教育を実現した」というような，いわゆる「ダンピング」が常態化してしまうことになる危険性もあると思います。

このように考えると，今後の数年間が，まさに「インクルーシブ教育」に向かえるのか向かえないのかという分水嶺になるのではないでしょうか。微力かもしれませんが，教育関係者の一人として，真の「インクルーシブ教育」をめざして，努力していきたいと思います。

参考文献

斎藤喜博（1960）『授業入門』国土社．
青木嗣夫編著（1972）『僕，学校へ行くんやで』ぶどう社．
篠原吉徳編著（2010）『「学ぶ楽しさ」と「支え合う風土」のある学校づくり』明治図書．
新井英靖（2008）「学校づくりの原則」湯浅恭正編『よくわかる特別支援教育』ミネルヴァ書房：66-67．
Ainscow, Mel & Florek, Anton (1990) *Special Educational Needs: Towards a Whole School Approach*, Beekman Books Incorporated.
Roaf, C. (1988) "The Concept of a Whole School Approach to Special Needs", Robinson, O. and Thomas, G. (eds.) *Tackling Learning Difficulties*, Hodder and Stoughton.

（高橋浩平）

人名索引

A-Z

Ainscow, M. 16, 63, 141
Florec, A. 141
Roaf, C. 141

ア 行

青木嗣夫 33, 137

ヴィゴツキー, L. S. 29

カ 行

クループスカヤ, N. K. 6
グレイ, W. S. 91, 92

サ 行

斎藤喜博 136

サリヴァン, H. S. 103

ナ・ハ・マ 行

難波博孝 124
フレイレ, P. 89, 92
ポラニー, M. 124
メイス, R. 140

事項索引

ア 行

アスペルガー症候群 10, 41
暗黙知 124
意見表明 66
異質・共同 8
インクルーシブ教育 63, 66
インクルーシブ教育システム 73
インクルージョン 63
エンパワメント 89, 90, 92
応用行動分析 12

カ 行

学習環境の構造化 9
学習指導要領 74
学習集団論 1
学習障害（LD） 5, 10, 15, 78
学習の共同化 68
学習要求 62, 64
仮説実験授業 11
価値目標 91, 92
学級内のクラブ 6
学校改善 16
学校全体からのアプローチ →ホール・スクール・アプローチ
カリキュラム 67
考える力 74
関係発達論 131

歓待するコミュニティ 97
技能目標 91, 92
基本的信頼感 99, 102
共感 127
共感的自己肯定感 55
教師教育 135
教授行為 10
競争的自己肯定感 55
京都府立与謝の海養護学校 33, 136
継続した専門職研修 22
言語活動 74
効果的な教授学習 22
構成主義的学習論 7
校内委員会 15, 34, 70, 138
校内リソース 26
個人指導 100
個性 75
ことばの学び 80
個別の教育支援計画 30, 44, 139
個別の指導計画 30, 139
コミュニティ・スクール 142

サ 行

再包摂 81
サラマンカ声明 39, 66, 97, 100
参加と共同 64
自己肯定感 28, 55, 62, 69, 132
自己理解 90

自閉症スペクトラム障害 19, 55
社会的・情緒的発達 22
弱者いじめの連鎖 98, 99
就学基準 27
自由研究 12
習熟度別学級 1
集団指導 100, 105
障害児保育 8
障害者権利条約 43, 67
小集団保育 8
新自由主義的教育改革 60
身体表現 128
スモールステップの学び 128
生活の論理 11
総合的学習論 12

タ 行

他者理解 90
注意欠陥多動性障害（ADHD） 15, 41, 83
通級教室 5
通常の学級に在籍する発達障害の可能性のある特別な教育的支援を必要とする児童生徒に関する調査 25, 72
転移 127
同化の論理 97
当事者性 66-68, 69

148

特別支援学級　5, 31, 143, 144
特別支援教育　138
特別支援教育コーディネーター　15, 138
特別支援教育支援員　17
特別支援教室　143, 145
特別なルール　66
取り出し指導　50

ナ・ハ 行

ノンバーバル　80
排除　80
排除の論理　97
発達課題　99, 100, 106
発達障害　4, 72, 90, 101, 123
発達段階　27
発達の最近接領域　29
発達の主人公　27
発達要求　62, 64
バーバル　80
場面緘黙　125
反転授業　1
PISA型読解力　84, 85, 89, 90
否定のなかに肯定を見る　98
プライベート　80
包摂　80, 84
ホール・スクール・アプローチ　22, 35, 140, 142

マ 行

学びの共同性　69
学びの共同体論　1
マンガ　78
認め合う授業づくり　63
もう一人の自分　98

ヤ・ラ・ワ 行

ユニバーサルデザイン　2, 15, 42, 83, 86, 87, 88, 90, 140
予測不可能な事象　124
読み書き障害　19
ライフコース　13
両義性を孕んだ主体　131
臨床国語教育研究会　124, 135
連携　129
「わからない」発言　51
私は私　131
私は私たち　132

執筆者紹介（執筆担当・執筆順）

湯浅 恭正（ゆあさ・たかまさ，大阪市立大学文学研究科） 第1章

新井 英靖（あらい・ひでやす，茨城大学教育学部） 第2章

窪田 知子（くぼた・ともこ，滋賀大学教育学部） 第3章

石橋由紀子（いしばし・ゆきこ，兵庫教育大学大学院） 第4章

吉田 茂孝（よしだ・しげたか，大阪教育大学教育学部） 第5章

今井 理恵（いまい・りえ，日本福祉大学子ども発達学部） 第6章

原田 大介（はらだ・だいすけ，関西学院大学教育学部） 第7章

永田 麻詠（ながた・まよ，四天王寺大学教育学部） 第8章

福田 敦志（ふくだ・あつし，大阪教育大学教育学部） 第9章

宮本 郷子（みやもと・きょうこ，追手門学院大学〔非常勤〕） 第10章

稲田 八穂（いなだ・やほ，筑紫女学園大学人間科学部） 第11章

高橋 浩平（たかはし・こうへい，杉並区立杉第四小学校） 第12章

インクルーシブ授業をつくる
――すべての子どもが豊かに学ぶ授業の方法――

2015年4月20日　初版第1刷発行　　　　　　　〈検印省略〉

定価はカバーに
表紙しています

編　者	インクルーシブ授業研究会
発行者	杉　田　啓　三
印刷者	中　村　勝　弘

発行所　株式会社　ミネルヴァ書房
607-8494 京都市山科区日ノ岡堤谷町1
電話(075)581-5191／振替01020-0-8076

© 湯浅・新井ほか，2015　　中村印刷・藤沢製本

ISBN 978-4-623-07205-7

Printed in Japan

発達と障害を考える本（全12巻）

障害をもつ子どもの視点に立ち，学校や家庭での支援のポイントをオールカラーイラストでわかりやすく紹介。AB判・各56頁　本体1800円

①ふしぎだね!?　自閉症のおともだち
　　内山登紀夫監修　諏訪利明・安倍陽子編

②ふしぎだね!?
　アスペルガー症候群［高機能自閉症］のおともだち
　　内山登紀夫監修　安倍陽子・諏訪利明編

③ふしぎだね!?
　LD（学習障害）のおともだち
　　内山登紀夫監修　神奈川LD協会編

④ふしぎだね!?
　ADHD（注意欠陥多動性障害）のおともだち
　　内山登紀夫監修　えじそんくらぶ　高山恵子編

⑤ふしぎだね!?　ダウン症のおともだち
　　玉井邦夫監修

⑥ふしぎだね!?　知的障害のおともだち
　　原　仁監修

⑦ふしぎだね!?　身体障害のおともだち
　　日原信彦監修

⑧ふしぎだね!?　言語障害のおともだち
　　牧野泰美監修　阿部厚仁編

⑨ふしぎだね!?　聴覚障害のおともだち
　　倉内紀子監修

⑩ふしぎだね!?　視覚障害のおともだち
　　千田耕基監修　大倉滋之編

⑪ふしぎだね!?　てんかんのおともだち
　　原　仁監修

⑫発達って，障害って　なんだろう？
　　日原信彦監修

よくわかる特別支援教育

湯浅恭正編　B5判232頁　本体2400円

●特別支援教育の考え方・制度と学校・授業づくり，学校での実践をわかりやすく紹介。重要なトピックをそれぞれ見開き2ページ（または4ページ）で解説。

特別支援教育のための 子ども理解と授業づくり
——豊かな授業を創造するための50の視点

湯浅恭正・新井英靖・吉田茂孝編著
B5判174頁　本体2400円

●特別支援教育の授業づくりで悩む先生のために——。子どもたちを学びの主体に育てるための「教材づくり」「授業展開」のヒントを満載。

ミネルヴァ書房
http://www.minervashobo.co.jp/